온라인 유통구조의
진화와 촉진전략

온라인 유통구조의 진화와 촉진전략

이 동 일

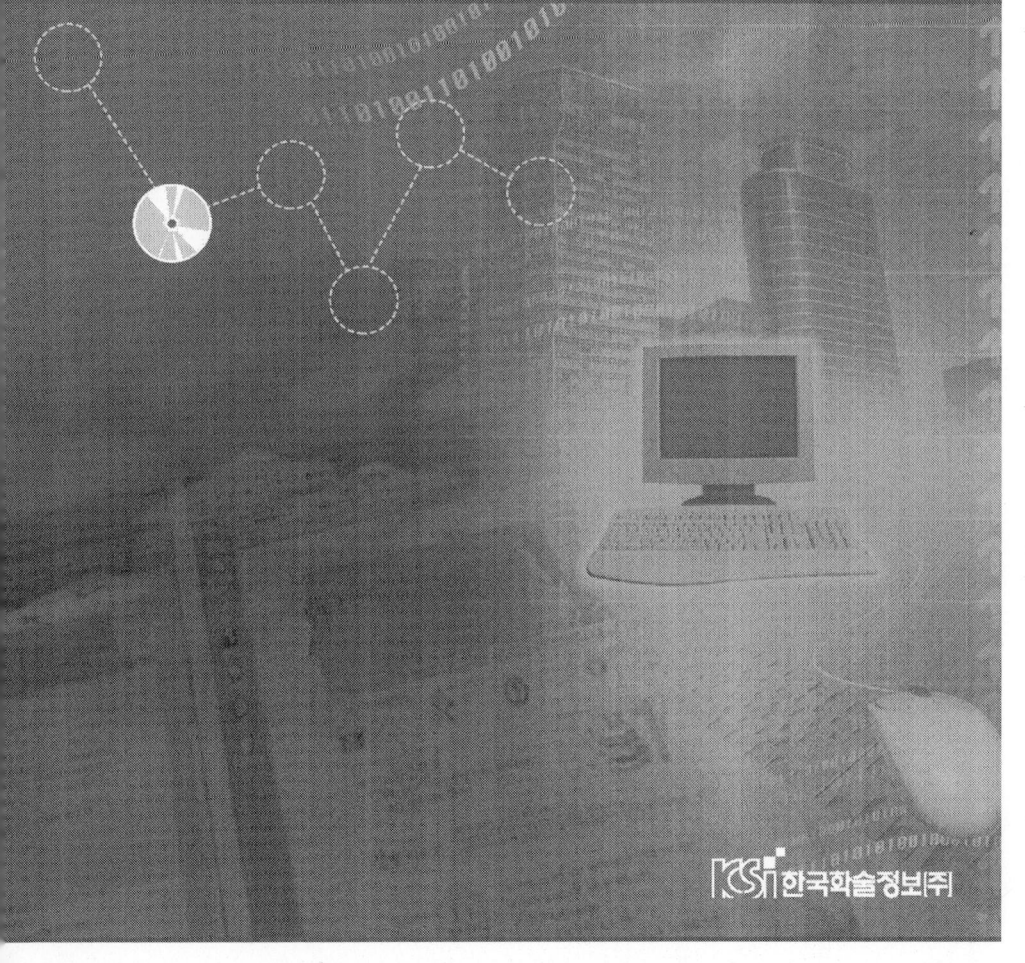

한국학술정보㈜

1996년 인터파크와 롯데닷컴이 인터넷 쇼핑몰을 열어 인터넷 소매산업 시대를 연 지 이제 10년이 경과하였다. 그동안 대기업 계열사, 홈쇼핑 사업자의 수평적 시장 확대와 더불어 시장이 급속하게 성장하여 2007년 현재에는 할인점, 백화점에 이어 소매업태로는 3위의 비중을 가지고 있으며, 현재의 성장률을 감안할 때 곧 백화점을 추월하여 지배적인 소매업태로 등장할 것으로 기대되고 있다. 이러한 발전의 배경에는 연관산업인 케이블 텔레비전 홈쇼핑 산업과 기존 유통산업, 더 나아가 택배산업의 재편에 힘입은 바가 크다고 할 수 있을 것이다. 다른 한편으로는 업계 내부에서도 전문몰, 종합쇼핑몰에 이어 경매, 역경매 사이트, 오픈마켓에 이르는 내부적인 발전을 위한 모색이 지속되어 왔다.

지난 10년간 관찰자로서 그리고 인터넷 소매산업에 대한 연구자로서 느낀 점은 때로는 산업의 힘에 대한 과대평가로 때로는 소매업태에 대한 비관론으로 현상에 치우쳐 온라인 쇼핑산업을 분석해 온 것이 아닌가 하는 점이다. 아마도 그 근저에는 새로운 환경에서의 소매업태에 대한 이론적, 실증적 연구가 진행되어 왔음에도 불구하고 그 성과가 충분히 소개되지 못하였던 것이 한 이유가 될 수 있을 것이다. 이에 따라 박사학위 논문을 작성하는 과정에서 정리하였던 이론적 성과들을 기반으로 하여 온라인 쇼핑산업의 내적, 외적 발전 동력과 변화과정에 대한 이론적 소개를 하는 것을 이 책의 목적으로 삼았다. 더 나아가 이러한 산업의 발전과정이 마케팅의 관점에서 고객과의 상호작용 속에서 전개된다는 점을 전제하여 인터넷 소매업체의 촉진전략을 제안하여 개별 업체의 입장에서도 성장에 대한 출발점을 제공하고자 하였다.

이러한 문제를 다루기 위해 우선 변화하는 인터넷 유통의 환경에 대해 서론에서 다루었다. 또한 2장에서는 지속적으로 문제제기가 되어왔던 탈중간상화 가설(disintermediation hypothesis)를 중심으로 한 인터넷 유통의 전개과정을 살펴보고, 이에 대한 이론적 배경으로 인터넷 유통경로의 동적 변화과정에 대해 3장에서 점검하였다. 4장에서는 초기 인터넷 소매시장에 대한 과잉투자의 배경이 되었던 승자독식시장(winner-takes-it-all market)에 대해서 우리나라의 인터넷 시장 초기 시장점유율 자료의 분석을 통해 그 전개과정과 변화과정을 탐색적인 실증결과를 제시하고 그 의미에 대해 논의하였다. 마지막으로 5장에서는 온라인 쇼핑몰의 전략적 촉진방안에 대해 논의하였다.

이 책을 기획하고 출간할 기회를 주신 한국학술정보의 출판사업부에 감사드린다. 또한 이론적 소개를 진행하는 과정에서 난삽하고 복잡한 서술을 주요 독자인 대학생 및 대학원생의 관점에서 보다 읽기 쉬운 방향으로 개선하는 데 도움을 주고 초고의 오타를 교정해준 세종대학교 경영학과 최주희 씨에게도 감사드린다. 아무쪼록 이 책을 통해 인터넷 소매산업에 대한 이론적 이해와 그 산업에 대한 적용방안에 대한 논의가 전개되는 데 조금이라도 기여할 수 있으면 하는 것을 기대한다.

2007년 가을 이동일

|목 차|

|표 · 그림 목차|

1. 서 론

1. 서 론

인터넷의 등장과 함께 유통환경에는 극적인 변화가 일어나기 시작하였다. 인터넷은 다면적인 유통경로이기 때문이다. 통신기술의 발전과정에서 나타난 인터넷은 그 자체로서 판매 촉진의 매체로 정보유통의 경로이면서 가상세계 속의 온라인 실재(Online Presence)로서 유통기관으로서 활용될 수 있다. 또한 정보적 네트워크를 구축함으로써 유통기관 경영에서 가장 핵심적인 유통경로 참가자간의 역할 조정에 대해 연결기능을 부여하기도 하게 된다.

우선 관찰할 수 있는 가장 큰 변화는 인터넷을 통해 상품정보를 더 넓게, 더 깊게 전달할 수 있다는 특성에서 비롯된 온라인 소매기관의 등장이다. 1996년 10월 아마존의 등장에서 출발한 이러한 변화는 전 세계로의 시장 확대와 방대한 카탈로그의 제공가능성, 인터넷의 상호작용성, 판매정보시스템과의 연결에 따른 유통기관 효율성의 증대라는 측면에서 기존 유통업계에 대해 심대한 영향을 미치게 된다. 인터넷이 제공하는 시장통합능력과 기업정보통합능력을 활용하여 온라인 경매(이베이), 역경매(프라이스 라인)와 같은 업태의 발전이 이루어지게 되었으며, 잡화(피포드)로부터 종합점(바이닷컴)

까지 구색의 다양성도 심화되게 된다. 더 나아가 유통기업의 프로세스를 혁신한 주문형 생산 PC(Dell)과 같은 변화에 이르게 된다. 이러한 움직임은 기존 유통기관에 대해서도 영향을 미쳐 온라인 소매와 오프라인 소매의 혼성경로(Hybrid Channel)가 등장하게 된다.

이러한 변화는 온라인 경로와 상관없어 보이는 유통기관의 고객관리에 있어서도 큰 영향을 미치게 된다. 새로운 전략적 접근의 가능자(enabler)로서 연결기술의 발전에 따라 유통기관과 유통기관의 연결, 유통기관과 고객의 연결이 더욱 복잡화되고 다양한 양상으로 전개되게 된 것이다. 고객공유를 중심으로 벌어지고 있는 이러한 움직임은 고객관계관리(CRM: Customer Relation Management)와 함께 유통기관의 대고객 대응에 대해 큰 변화를 초래하게 된다.

온라인 소매기관이 활성화됨에 따라 유통 하부구조 역시 큰 변화를 겪게 된다. 예를 들어 전자우편이 활성화됨에 따라 우편수요가 적어질 것으로 예상한 정보통신부 우정사업본부는 집배원을 감축하는 방향으로 대응하였으나, 온라인 소매기관과 그 매출이 증가하게 됨에 따라 오히려 배송수요가 증가하여 집배원의 과로사가 발생하는 등 그 대응책에 고심하게 된다. 또한 택배, 지불대행서비스 등 배송과 지불에 관련된 새로운 한정기능 유통서비스의 등장이 나타나게 된다.

인터넷의 정보유통능력이 발휘됨에 따라 오프라인상에서만 존재하는 유통기관에도 막대한 영향을 미치게 된다. 이러한 변화의 전방에 위치한 것이 검색엔진과 가격검색엔진 서비스의 역할 증대이다. 특히 가격검색엔진의 경우, 오프라인 소매기관의 원가정보가 소비자에게 공개됨에 따라 경로 간 경쟁의 양상을 더욱 치열하게 만드는 결과를 초래하게 된다. 예를 들어 한국의 전자제품전문 가격검색엔진(다나와)의 경우에는 용산전자상가를 중심으로 하는 도매 가격정보를 소비자에게 공개함으로써 전자상가와 온라인 상점(온라인 - 오프라인 경로갈등), 전자상가와 할인점(오프라인 - 오프라인 경로갈등) 더 나아가 전자상가와 가격검색엔진의 경로갈등으로 경로갈등의 양상이 다양하고 복합적으로 진행되게 된다. 이에 따라서 유통경로의 변화양상에 대한 관심이 모아지고 있다.

　다른 한편으로 인터넷이 주는 새로운 변화의 가능성은 디지털 정보로 구성된 상품군의 형성과 발전이다. CD수준의 음질을 제공하는 MP3 표준의 파일유통이 증가함에 따라 형성되기 시작한 디지털 상품의 유통은 특히 P2P(Peer-to-Peer)방식의 유통경로가 형성됨에 따라 음반제작자와 유통사를 크게 자극하기 시작하게 된다. 미국의 냅스터를 시발로 하여 한국의 소리바다에 이르는 이러한 새로운 유통경로의 형성은 결국 법정 제소와 서비스 중단에 이르는 격심한 유통갈등을 보이며 새로운 유통규칙을 모색하고 있는 상황이다. 그러나 그 뒤를 이어 벅스뮤직 등 파일 다운로드가 아닌 스트리밍 방식을 통한 새로운 음반유통형태가 뒤를 잇고 있으며, 서버를 전혀 사용하지 않는 P2P 방식의 출현 등 더욱 복잡한 양상을 보이고 있는 발전과정에 주목할 필요가 있다. 이러한 음반유통에서의 갈등상황은 DiVX 표준의 유출에 따라 점차 증가하고 있는 영화유통의 디지털화와도 밀접한 연관이 있다. 아직은 음반에 비해 파일의 크기가 커서 본격화되고 있지 않으나, DVD 수준의 음질과 화질을 보장하는 영화파일의 유통은 인터넷 대역폭의 확대(브로드밴드화)와 저장장치의 대용량화, 저가화에 따라 더욱 확산될 것으로 예상된다. 이러한 디지털 정보상품의 등장에 따른 유통구조의 변화양상은 그대로 점차 대역폭이 확산되고 통신비용이 하락하고 있는 이동통신

시장으로 이전될 것으로 예상된다.

온라인 소매기관의 등장, 오프라인 유통기관의 변화, 소비자 정보력의 강화, 디지털 상품의 출현 등으로 인한 유통기관의 변화는 소비자들의 정보력이 결집되는 소비자 공동체와 그 조직자로서 정보중간상(Infomediary)의 활성화와 함께 새로운 유통권력의 형성과정을 예고하고 있다. 예를 들어 디지털 카메라 전문사이트인 DCInside의 경우 유통제품에 대한 정보의 결집과 사용능력의 확대를 통해 소비자 공동체를 형성하여 이를 구매협상력으로 전환시키는 정보중간상의 형성과정을 진척시키고 있으며, 소비자 평가사이트 엔토크의 경우에도 구매기능을 결합하는 방향으로 진화하고 있다.

이러한 다양한 환경변화에 따른 유통구조의 근본적인 변화양상에도 불구하고 아직까지 디지털 환경하에서 새로운 유통경로의 역할과 한계, 변화방향에 대한 이론적 연구는 시작단계에 불과하다. 정보경제학, 유통기관론, 소비자 행동론의 일부에서 단편적인 이해의 노력이 전개되고 있는 상황인 것이다. 이에 따라서 기존의 연구성과를 종합하여 새로운 현상에 대한 이해를 심화하고 변화방향에 대한 예측을 시도하려는 노력의 필요성이 제기되고 있다. 여기서는 이러한 변화의 양상에 대한 진행과정을 인터넷 서점의 유통갈등 사례검토를 통해 문제제기한 후 부각되는 이론적 연구결과와 쟁점에 대해 유통경로의 변화에 대한 쟁점을 통해 검토하고 온라인 쇼핑몰의 발전방향을 가늠하기 위해 온라인 쇼핑몰의 선점효과에 대해 검토한 후 논의를 통합하여 유통경로의 변화방향과 온라인 쇼핑몰의 전략적 촉진관리방향에 대해 검토하는 것을 목적으로 하고자 한다.

2. 인터넷 시대 중간상은 사라지는가?

2. 인터넷 시대 중간상은 사라지는가?

1) 인터넷 경로갈등의 실제

2000년 서점가에서 가장 화제가 되었던 책은 무엇이었을까? 아마 1997년 처음 발간된 이래 아직도 시리즈가 진행되고 있는 해리포터 시리즈의 2000년 판 "해리포터와 불의 잔"일 것이다. 세계적으로도 선풍적인 인기를 모은 이 책은 특이한 줄거리 구성이나 멋있는 주인공이 있는 것도 아니고, 처음 발간 당시 가난한 이혼녀(물론 현재는 매우 부유하지만)의 작품으로 출발했지만, 당시에는 제목도 정해지지 않고 발간일자도 결정되지 않은 상태에서도 아마존의 베스트셀러 상위 10위에 올라가는 전무후무한 주목을 받고 있었다. 이 책의 성공요인에 대해 살펴보는 것도 인터넷 비즈니스와 관련된 재미있는 사회사적 분석이 될 수 있을지 모르지만, 이글에서 주목하는 이

책의 성과는 전혀 다른 곳에 있다. 인터넷 비즈니스의 입장에서는 이 책은 한국 인터넷 비즈니스와 한국 출판업계의 구도를 변화시키는 데 중요한 촉발제 역할을 담당했다는 것이다. 한국 출판업계에서 가장 첨예한 유통갈등이 이 책을 중심으로 하여 나타났기 때문이다.

2) 인터넷 서점은 동네 서점을 축출하는가?

한국 출판유통의 특성상 해리포터 시리즈에 대해 특히 주목하게 되는 이유는 스테디셀러의 범주에 들어가는 잡지, 참고서의 매출에 의존할 수 없는 인터넷 서점과 대형 서점(교보문고, 종로서적 등의 서점)이 모두 2000년 매출확장의 기회로 삼고 있었던 특성에 있다. 출판유통의 특성에 비추어 볼 때 발간 이후 2-3개월 안에 대규모 매출을 이룰 수 있는 특정 서적(예를 들어 해리포터 시리즈)은 해당 서점의 수익구조를 개선하는 데 매우 중요한 역할을 담당하게 된다. 매장(대형서점의 경우에는 베스트셀러 서가, 인터넷 서점의 경우에는 메인 페이지) 효율성을 제고하는 것이 결국 그 서점의 수익성을 높이는데 매우 중요한 역할을 담당하기 때문이다.

2000년 8월 이후 신장하고 있는 인터넷 서점의 대두에 대해 견제할 필요성을 느끼고 있었던 대형 서점들이 제기한 쟁점은 '도서정가제'를 중심으로 불거져 나오게 되었다. 대규모 서점들의 연합체인 '종서회'를 중심으로 하여 출판사에 도서정가제를 준수하지 않는 인터넷 서점에 대한 도서공급중단압력을 가하게 된다.

이러한 형태의 압력은 유통업계에서 가끔 관찰할 수 있는 것이지

20

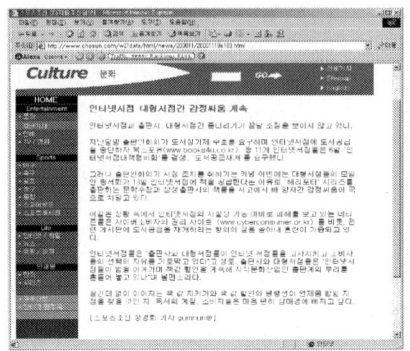

[예시 1] 온-오프라인 서점의 대립관련 기사

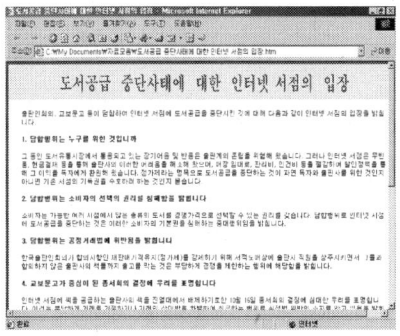

[예시 2] 인터넷 서점의 입장 발표문

만, 보통의 경우에는 유통점이 스스로 보유하고 있는 유통재고를 통해 소비자에게까지 피해가 가지 않는 것이 보통이다. 그런데 해리포터 시리즈의 경우에는 8월 이전에 이미 출판사에 거의 모든 서점(오프라인과 인터넷 서점을 망라하여)이 사전 예약주문을 해놓은 상태였으므로 유통갈등이 표면화되게 되는 결과를 낳게 된 것이다. 예를 들어 [예시 1]과 같은 한 일간지의 기사를 살펴볼 수 있다. 해리포터 시리즈의 한국어판 판권을 보유한 정보문화사가 사전 계약에 따라 인터넷 서점에 도서공급

을 진행하자 '종서회'를 중심으로 하는 대형서점은 자체 매장에서 해리포터 시리즈를 철수하는 사태로 발전하게 된다.

이에 대해 알라딘, 크레센스 등 인터넷 서점은 도서공급 중단사태에 대한 반론을 제기하는 등 강력하게 반발하게 된다.

그런데 여기에서 기존 대형서점과 인터넷 서점 간의 '가격경쟁을 둘러싼 유통갈등'이라는 갈등의 중심이 '인터넷 서점이 위협하는 곳은 어디인가'라는 쪽으로 미묘한 변화를 보이게 된다. 인터넷 서점이 가격할인을 하는 등 공격적 경영을 진행하게 됨에 따라 기존 동

네서점이 유통경로에서 축출
되고, 결과적으로 한국의 출판
문화산업이 위축되고 있다는
것이다.

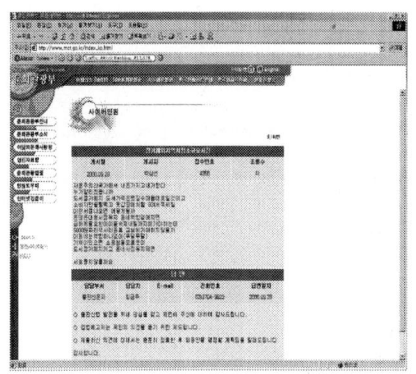

　문화관광부 홈페이지에 게
시된 예와 같은 소비자 반응
이 이러한 쟁점이동이 진행되
는 과정을 보여주고 있다. 그
러나 결론적으로 볼 때 인터

[예시 3] 도서정가제에 대한 소비자 반응

넷 서점과 동네서점은 판매 구색이 다른 특성을 지니고 있다는 점
에 주목할 필요가 있다. 동네서점은 주로 초·중·고등학생 참고서
와 잡지를 위주로 매출이 이루어지는 반면, 인터넷 서점은 거의 교
양, 경영, 컴퓨터, 소설류가 중심구색이기 때문이다. 따라서 동네서
점의 쇄락은 인터넷 서점의 대두와 큰 상관관계가 없다고 생각하는
것이 맞을 것이다. 그렇다면 동네서점의 퇴출에 대한 이러한 논점
의 변화, 인터넷 서점에 대한 대형서점의 집단적 경쟁압력은 어디
에 기인하는가? 그것은 인터넷 유통경로의 구성에 대한 "탈중간화
가설(disintermediation hypothesis)"이 일반적으로 받아들여지고 있
었다는 데서 원인을 찾아볼 수 있을 것이다.

3) 탈중간상화 가설의 이론적 기초

　탈중간상화란 인터넷을 통한 유통경로가 구성됨에 따라 기존의
제조업체 또는 후방[1)]에 있는 업체들이 전방에 있는 업체를 우회하

22

여 소비자와 직접 거래를 하게 됨으로써 전방에 있는 업체가 유통
경로에서 사라지게 되는 현상을 의미한다. 다시 말하자면 인터넷의
도입에 따라 유통경로의 길이가 짧아지게 되고 기존의 오프라인 유
통경로들은 사라지게 될 것이라는 예측인 것이다.

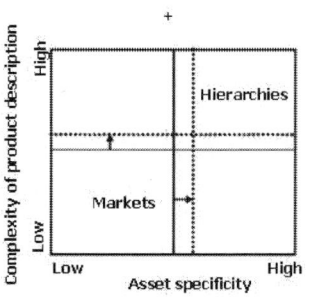

[그림 1] 인터넷 환경에서의 전자적 연결효과

이러한 탈중간상화 현상에 대한 예언은 Malone, Yates와
Benjamin이 1987년 발표한 "전자적 시장과 전자적 위계(Electronic
Markets and Electronic Hierarchies)"라는 논문에서 제기되기 시작
하였다. 인터넷과 같은 개방형 프로토콜을 가지고 있는 네트워크가
시장구조에 대해 미치는 영향에 대해 분석을 시도한 이 논문은 논
지의 정확성을 따지기 이전에 인터넷과 경제적 현상에 대한 본격적
인 개념적 틀을 제공했다는 점에서 시사하는 바가 크다.

---

1) 소비자의 입장에서 더 멀리 있는 유통경로, 예를 들어 소매상에 대해
   도매상.

이 논문에서 저자들은 전자적 시장을 "거래"에 의존하는 시스템으로, 전자적 위계를 "관계"에 의존하는 시스템으로 제기하면서 인터넷 환경이 어떠한 영향을 미칠 것인가에 대한 분석의 틀을 제공한다. 이때 도입되는 개념은 기업과 소비자가 전자적으로 연결되어지게 됨으로써 나타나게 되는 전자적 연결효과(Electronic Interconnection Effect)이다.

위 그림에서 보여지는 바와 같이 전자적 연결효과는 다시 세 가지 차원으로 제기되게 되는데 첫 번째는 전자적 의사소통효과(Electronic Communication Effect)이다. 전자적 의사소통효과란 기업과 소비자가 서로 전자적으로 연결되어 짐으로써 의사소통되어지는 정보의 양이 많아지고, 정보교환의 속도가 빨라지게 되는 효과를 말한다. 거래가 관계에 의존하게 되는 원인 중 거래되어지는 제품에 대한 설명이 복잡하게 되어 지는 것(Complexity of product description)이 한 축이라고 한다면 정보교환의 속도와 양이 증가하게 되는 것은 제품의 속성을 보다 더 쉽게 이해할 수 있는 정보를 입체적으로 제공해 줄 수 있는 가능성이 커지게 된다는 것을 의미할 것이다. 두 번째 효과는 전자적 중개효과(Electronic Brokerage Effect)이다. 전자적 상호작용시스템의 발전에 따라 거래상대를 찾는 과정이 전자적으로 해결될 것이라는 이론이다. 이에 따라 기존에 시장에서의 탐색비용이 줄어들게 되고 시장에서 지속적으로 관계를 맺게 되는 중간상의 필요성이 줄어들게 된다. 세 번째 효과는 전자적 통합효과(Electronic Integration Effect)이다. 전자적 거래시스템의 활용이 커짐에 따라 전후방의 유통기관들이 기능적으로 통합되어지게 만드는 효과를 말한다. 이러한 기능적 통합과 중개의 자동화를 통해 유통경로상의 중간상이 가지고 있는 독자적이고 독특한 장비와 장소의 소유로 인한 경쟁력(자산특정성: Asset Specificity)이 약화되게 된다.

이러한 이론적 개념의 결론은 제품에 대한 설명이 더욱 용이하게 되고, 각 유통기관이 가지고 있는 자산특정성에 의한 경쟁력이 약화됨에 따라 관계에 의한 위계형 거래보다는 일회적 거래가 더욱 많아지는 시장형 거래가 선호될 가능성이 커진다는 것이다. 유통기관 경영론의 제1공리는 "유통기관은 생략될 수 있어도 유통기능은 생략될 수 없다"는 것이다. 제조업체는 소비자에게 직접 판매하는 기능을 만들거나(Make), 중간상의 기능을 구매하는(Buy) 결정을 내려야 한다. 전자적 연결효과에 따라 중간상의 기능이 쉽게 이전될 수 있으므로 제조업체는 소비자에게 직접 판매할 수 있는 가능성이 커지게 되고 따라서 탈중간상화가 일어나게 된다는 결론을 내릴 수 있게 된다.

전자적 연결효과에서 불분명한 제조업체의 직접 소비자 판매에 대한 가능성은 Benjamin과 Wigand가 1989년 발표한 "전자적 시장과 정보고속도로상의 가상가치사슬"이라는 논문에서 더욱 분명하게 제시되고 있다. 한 셔츠 회사의 유통가격자료에 기반하여 소매가격이 52.72달러인 셔츠가 만약 생산자가 직접 판매한다면 20.45달러로 62%나 낮은 가격에 제공할 수 있다고 주장한 것이다. 만약 이러한 일이 가능하다면 제조업체는 경쟁사에 비해 훨씬 더 큰 가격경쟁력을 갖게 될 것이다. 또한 이러한 가격경쟁력이 제조업체의 이윤에는 전혀 영향을 미치지 않고 얻을 수 있는 일이니 어떤 제조업체가 이러한 기회를 놓칠 수 있을까? 당연히 전자적 연결효과를 얻을 수 있는 소비자에 대한 직접 판매(=인터넷을 통한 우회판매)방식을 도입하고자 할 것이다.

4) 제조업체의 현실과 고민

그러나 제조업체(특히 기존의 유통경로를 갖추고 있는 기업)에 있어서 인터넷을 통한 직접 우회판매라는 것은 결코 쉬운 결정이 아니다. 현재 인터넷을 통해 얼마만큼의 매출을 올릴 수 있을지 분명하지 않은 상태에서 기존 오프라인 유통경로와 있을 수 있는 경로갈등을 해결할 수 있는 좋은 수단이 있을 수 없기 때문이다. 예를 들어 Charles Schwab과 같은 신생증권사나 Egghead와 같은 소규모 지방 유통점은 기존 오프라인 유통망을 철수하여 유통갈등을 회피하고 온라인 판매에 진입하게 된다. 초기에는 이러한 유통갈등은 마치 자동판매기가 도입될 때 기존 음료업체에 반발했던 소매점포들이 결국 가격차별화에 의해 시장을 분할하는 데 합의했던 과정과 유사한 과정을 통해 진정될 것으로 예견되기도 했다. 포레스터리서치의 경우 탈중간상화 결정에 대한 고려과정에서 최종적인 요인으로 "올바른 태도"를 들고 18개월간의 비즈니스 재구성 과정을 감당할 수 있는지, 다시 말하면 매출기회를 포기하고도 온라인 시장으로의 진입을 고려할 수 있는지에 대해 묻고 있다.

26

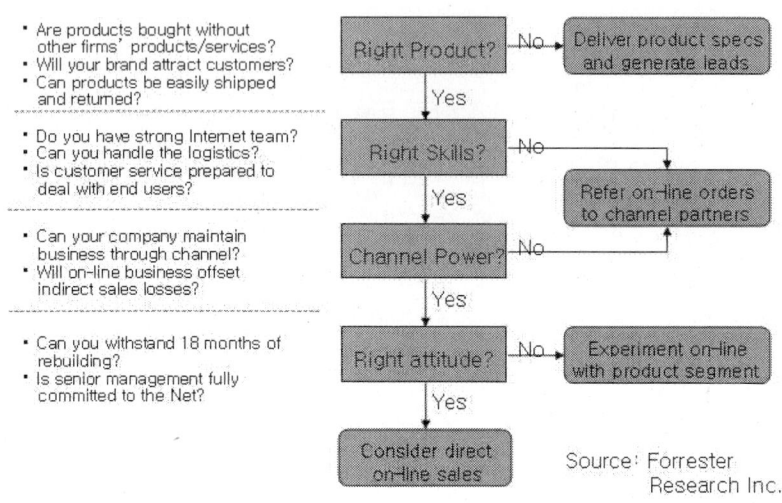

- Are products bought without
  other firms' products/services?
- Will your brand attract customers?
- Can products be easily shipped
  and returned?

- Do you have strong Internet team?
- Can you handle the logistics?
- Is customer service prepared to
  deal with end users?

- Can your company maintain
  business through channel?
- Will on-line business offset
  indirect sales losses?

- Can you withstand 18 months of
  rebuilding?
- Is senior management fully
  committed to the Net?

Right Product? —No→ Deliver product specs and generate leads

Yes

Right Skills? —No

Yes

Channel Power? —No→ Refer on-line orders to channel partners

Yes

Right attitude? —No→ Experiment on-line with product segment

Yes

Consider direct on-line sales

Source: Forrester Research Inc.

[그림 2] 탈중간상화 결정의 고려과정

반면 인터넷을 통한 매출기회는 90년대 들어 더욱더 강력해진 소매업체의 경로권력에 대한 견제력을 갖추고 인터넷을 통한 판매를 비즈니스 모델 속에 포함하고 있는 신생업체(예를 들어 델과 같은 직접 판매 조립업체)에 의해 제기되고 있는 위협에 대한 훌륭한 대안이 될 수 있을 것으로 판단되었다.

특히 이러한 전략적 대응은 언론의 주목이 크게 이루어지는 델(Dell) 컴퓨터와 직접 경쟁을 하고 있던 컴팩에서 실제로 진행되게 된다. 중소기업시장을 중심으로 하는 델컴퓨터에 대해 가정용 시장을 중심축으로 하던 컴팩에서는 새로운 시장기회에 대한 강한 압력에 놓여 있었다. 컴팩은 1999년 중소기업 비즈니스 부(SMBD: Small and Medium Sized Business Division)를 중심으로 하여 Compaq.com이라고 하는 인터넷 직접 판매사이트를 운영하는 자회사를 개설하게 된다. 결과는 참담한 실패로 끝나게 된다. 자회사인 RadioShack에서마저 컴팩 제품에 대한 진열을 거부하는 강한 유통갈등을 겪게 되고 마침내 1999년 상반기 델컴퓨터에 미국시장 점유율 1위를 내어주는 수모를 당하게 된다. 더 나아가 전통적인 강세시장인 연말 크리스마스 시장에서조차 시장점유율 탈환에 실패하게 된다. 이러한 유통갈등의 여파는 지속적으로 영향을 미쳐 결국 2000년에는 세계시장 점유율에서도 1위 자리를 내주게 된다. 그와중에 1999년 상반기에 Compaq.com의 직접 판매전략을 대거 수정하고 컴팩의 CEO가 물러나는 혼란을 겪게 되었음은 물론이다.

그렇다면 탈중간상화와 시장구조의 변화를 예견한 이론에 어떠한 문제가 있었던 것일까?

5) 탈중간상화, 사이버중간상화, 재중간상화

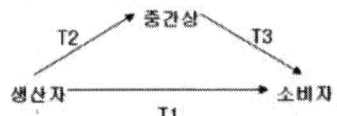

		인터넷 도입 이전	
		T1 < T2 + T3	T1 > T2 + T3
인터넷 도입 이후	T1' < T2' + T3'	1 NII Supplemented Direct Marketing	2 Threatened Intermediaries
	T1' > T2' +T3'	3 Cybermediaries	4 NII Supplemented Intermediaries

Source :Sarkar, Butler and Steinfield, 1995

[그림 3] 인터넷 유통경로의 변화 가능성

전반적 탈중간상화를 주장한 이론에 대한 체계적인 반론은 Brian, Sarkar와 Steinfield에 의해 1995년에 제기되기 시작하였다. 간단한 거래비용분석을 통해 이들은 생산자가 소비자에게 직접 판매할 경우의 거래비용(T1)이 중간상을 통해 판매하는 비용(T2+T3)보다 낮아지는 경우에 있는 중간상만이 탈중간상화되어지는 것이라는 점을 가설화하였다. 만약 그렇지 않은 영역이 있다면 다른 형태의 시장구조변화를 관찰하게 된다는 것이다. 대표적인 다른 영역으로 이전에 직접 마케팅이 오히려 인터넷을 활용하는 중간상이 개입됨으로써 비효율적인 방법이 되는 영역이 있을 수 있다. 이러한 부분을 사이버중간상(Cybermediary)이 나타나는 사이버중간상화 영역이라고 하였다. 미발달한 도매구조로 인해 인터넷 서점이 등장하여 점차 지역 소매서점에 대해 도매상으로 발전할 가능성이 보이는 출판유통과 같은 영역이 오히려 이러한 영역에 속한다고 할 수 있을 것이다. 또한 주목되는 영역으로 탈중간화가 이루어지는 기존 중간상이 점유하고 있던 영역에 새로운 형태의 중간상, 즉 인터넷 유통기반을 활용하는 중간상이 들어서게 되는 영역이 있을 수 있다. 이들은 이러한 영역을 재중간상화(reintermediation)이라고 정의하였다.

더 나아가 Judy Scott는 2000년 컴퓨터 산업에서의 유통구조 변화에 대한 사례연구를 통해 인터넷 유통의 출현과정에 대해 살펴본 논문 "인터넷 중간상 동적 역량의 출현 유형"에서 이러한 변화과정은 순간적으로 일어나는 것이 아니라 유통기관이 집합적 조정능력(Collective Coordination Capability)을 갖추어 나가는 과정에서 탈중간상화 위협을 받고 있는 기존 유통상들의 유통기능조정을 통하여 진행된다는 이론을 전개하였다. 유통갈등과정에서 시장에서 선택되지 못하는 유통기능을 가진 중간상은 동태적 변화를 통해 인터

넷 유통능력을 갖춘 사이버중간상으로 진화하거나, 기존의 오프라인
유통능력과 인터넷 기능을 결합한 재중간상화 영역에 적합한 중간
상으로 변화하게 된다는 것이다.

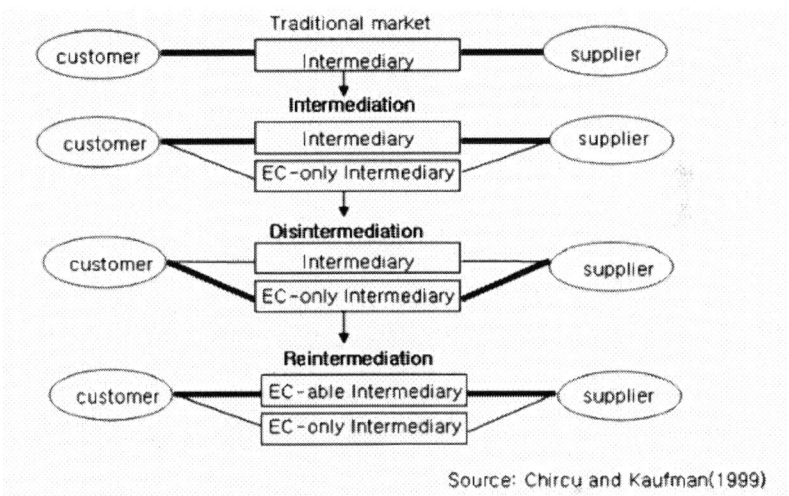

[그림 4] IDR Cylcle: 인터넷 중간상의 변화단계

  이러한 관찰은 증권산업 등 다양한 산업에 대한 사례분석을 통해
유통구조의 변화과정을 살펴 본 Chircu와 Kaufman이 1999년에 발
표한 분석에서도 유사하게 나타나고 있다. 이들은 유통구조의 재편
과정이 기존의 중간상이 있는 구조에서(Intermediation) 인터넷만을
사업기반으로 하는 중간상이 출현하여 기존의 중간상에 비해 거래
비중이 급격하게 커지다가(Disintermedation) 다시 기존의 유통능력
과 인터넷 기반기술을 결합하여 시장에 재진입하는 기업의 거래비
중이 커지는(Reintermedation) 과정, 즉 IDR 과정으로 나타나고 있
다고 주장하였다. 온라인/오프라인 유통능력을 동시에 갖춘 혼성모

형(Hybrid Model)의 강세를 예언하고 있는 이러한 관찰이 일반화
될 수 있다면 현재 한국의 출판유통은 탈중간상화 단계에서 재중간
상화 과정으로 변화해나가는 진화과정상에 있다고 할 수 있을 것이
다. 그렇다면 오프라인 대형서점은 이제 유통기능의 재조정 과정을
거쳐 더욱 강한 경쟁자가 되고, 인터넷 서점은 시장의 주변인으로
남을 것인가?

6) 중간상의 기능

유통기관경영론의 관점에서 중간상은 공급 측에 대해서는 거래를
정규화하고 잠재적 거래의 수를 줄임으로써 관리비용을 줄여 제조
업체의 핵심역량에 집중할 수 있도록 도와주는 기능을 담당한다.
또한 수요 측에 대해서는 탐색비용을 감소시켜 자신의 수요를 잘
충족시켜 줄 수 있는 대안을 쉽게 찾을 수 있게 해주고, 판매단위
의 조정을 통해 적정 수요량과 적정 공급량(예를 들어 사과를 공급
하는 데 적정한 양은 박스나 트럭 단위이겠지만, 소비하는 데 적정
한 양은 1봉지일 수 있을 것이다.) 사이의 격차를 줄여줌으로써 효
율적인 공급과 소비가 이루어질 수 있도록 도와주는 기능을 담당한
다. 또한 상품의 분류, 집적, 분할, 구색화를 통해 효율적인 소비생
활이 이루어질 수 있도록 한다.
이러한 기능을 총괄하여 소비자가 원하는 형태로 재구성하는 기
반을 중간상에게 요구되어지는 서비스 아웃풋(SOD: Service
Output Demanded)라고 한다. 어떠한 서비스 아웃풋에 대응하는가
에 따라 이질적인 유통기관은 서로 공존할 수 있는 가능성이 있다.

예를 들어 부심형 백화점은 구색을 더욱 다양하게 제공하고 상품분할 단위를 크게 하여 가격경쟁력을 높인 할인점에 비해 일반적으로 취약하다. 하지만 개별 고객서비스를 더욱 강화하고 매장분위기를 재구성함으로써 부심형 백화점만의 새로운 경쟁력을 갖출 수 있는 가능성이 있다. 본질적으로 현재의 카탈로그형 인터넷 서점은 대응하는 서비스 아웃풋에서 탐색과 배송의 편의를 강화한 반면, 구매 즉시 소비가 이루어질 수 있는 서비스의 즉시성이 떨어지는 약점을 갖고 있다. 또한 배송비용을 고려한다면 오프라인 서점에 비해 구조적인 가격경쟁상의 약점을 가지고 있다.

따라서 인터넷 서점의 입장에서 본질적으로 제공될 수 있는 고객 편의성의 차원이 아닌 가격경쟁으로 진행되는 오프라인 서점(또는 오프라인 서점의 인터넷 판매사이트)과의 경쟁을 회피하려는 경향을 보이는 것이 당연할 것이다. 이런 측면에서 볼 때, 규모와 경영관리상의 효율성 재고에 의한 경쟁력을 차치하고 큰 유인이 없는 가격경쟁보다는 서비스 아웃풋이 다른 시장을 공략하는 것이 인터넷 서점이 가질 수 있는 기회를 극대화하는 길일 것이다. 결과적으로 신간 도서에 대한 대형서점과 인터넷 서점 간의 판매가격 인하폭과 마일리지 서비스의 제한에 대한 합의는 당연한 결과일 것이다. 그러나 이러한 변화는 동시에 오프라인 대형서점이 이전에 고수하고 있던 가격정가제에서 후퇴하여 일정부분 할인판매를 시작했다는 점에서 가격경쟁에 대해 이전보다 쉽게 가세할 가능성이 생겨났다는 환경변화를 가져오게 된다.

7) 인터넷 서점 경쟁 2차 대전: 비마찰적 시장의 출현과정?

그러나 시장에서는 위의 이론적 예견과 같이 진행되지 않았다. 기존의 인터넷 서점과 대형 서점 간의 가격경쟁 회피에 대한 합의 는 합의가 이루어지자마자 붕괴할 조짐을 보였기 때문이다. 2005년 인터파크가 가격할인 제한폭을 넘어서는 할인정책을 발표하였다.

아직까지 매출의 규모가 작아 현실화되지는 않았지만, 후발주자 로서 지하철 역 근처 소비자 배송지점(해피샵)을 배치하여 배송의 길이를 줄임으로써 상대적인 가격경쟁력 구성요소를 갖추고 있는 모닝365가 한 달간 한시적이나마 국내 최저가 판매정책을 시행한다 고 발표함으로써 가격경쟁이 재연될 조짐을 보이고 있는 것이다.

신고전경제학에서는 정보유통의 비용이 작아 시장의 균형이 즉각 적으로 이루어지는 시장을 비마찰적 시장(Frictionless Market)이라 고 칭하고 있다. 인터넷 유통경로의 출현은 인터넷을 통해 정보유 통비용이 낮아짐으로써 비마찰적 시장에 가까운 시장으로 귀결되어 질 것이라는 가설(Frictionless Market Hypothesis)을 제기하고 있 다. 탈중간상화 가설은 대부분 논리적으로 또한 실증적으로 부정되 어 Carr는 2000년 하버드 비즈니스 리뷰를 통해 "아직도 탈중간상 화를 언급하는 사람이 있을 수 있는가?"라고 주장하였다. 하지만 탈 중간상화 가설이 제조업체와 유통업체의 인터넷 유통에 대한 참여 를 유도하여 인터넷 유통의 특성에 대한 이해의 폭을 넓게 하였던 것 또한 사실이다. 이제 인터넷 유통시장은 "과연 인터넷 유통과 오프라인 유통의 경쟁환경은 동일한가?"라는 새로운 질문에 대한 도전에 직면해 나아가고 있다.

3. 유통경로의 변화에 대한 쟁점

3. 유통경로의 변화에 대한 쟁점

1) 유통경로의 변화에 대한 이론적 쟁점

디지털 환경에서 초래된 변화로 인해 유통을 둘러싼 하부구조와 유통과정에 대한 인식, 그리고 새로운 유통기관의 도래로 인한 경쟁 양상의 변화가 일어나고 있다. 이러한 변화에 대해 가장 먼저 제기되는 문제는 과연 인터넷 환경하에서의 유통시장은 기존의 유통시장과 비교해 어떠한 차이점을 가지고 있는가 하는 문제이다. 이러한 관점에서 인터넷 시장환경은 기존의 유통환경과는 달리 신고전경제학의 비마찰적 시장가설(frictionless market hypothesis)이 직접 통용되는 시장으로 인식하여야 한다는 주장이 가장 먼저 제기되게 된다. 정보의 불균등한 유통으로 인해 발생하는 정보 비대칭성이 비마찰적 시장이 현실적으로 존재할 수 없는 가장 중요한 원인으로 인식되어온 정보경제학의 발전과 맥을 같이하기 때문이다. 인터넷 환경의 전 지구적이고, 즉각적인 정보유포(접근가능성)를 통해 비마찰적 시장을 실현시키는 것으로 주장되었다. 일반적으로 비마찰적 시장은 시장경제의 메커니즘이 더 효율적으로 달성되는 효율적 시장으로 간주

되어 왔다. 이러한 의미에서 비마찰적 시장가설과 관련된 논의는 '과연 인터넷 시장은 오프라인 시장에 비해 더 효율적인가?' 하는 질문을 중심연구과제로 하고 있다.

이러한 비마찰적 시장가설의 필연적인 귀결은 현대 자본주의 경제 체제의 근간이라고 할 수 있는 중간상 시장구조의 해체에 대한 논의로 귀결된다. 일반적으로 중간상은 생산과 소비의 시간, 소유권, 장소의 격차에 근거하여 존재하므로 효율적 시장이 달성되어 이러한 격차가 의미 없게 된다면 중간상이 배제되는 유통구조는 필연적이라는 주장이다. 흔히 '탈중간상화 가설(Disintermediation Hypothesis)'이라고 지칭되는 일련의 논의는 특히 금융상품의 유통구조에서 큰 힘을 발휘하면서 자리 잡아 갔다. 찰스 스왑과 같은 무점포 증권사의 성장과 기존 증권사의 대리점망 해체와 온라인 거래 비중의 증대, 은행거래에 있어 무인기기(ATM: Automatic Teller Machine)의 의존비율 증대 등은 이러한 논의의 결정적인 증거로 여겨진다. 그러나 과연 이러한 논의가 계수화가 용이하여 정보재로서의 성격이 강한 금융상품을 넘어서서 일반상품으로 일반화될 수 있을 것인가? 탈중간상화 가설의 강력한 지지자들은 이러한 현상이 강화될 것으로 여겼으나 실상은 앞장의 인터넷 서점 사례에서도 볼수 있듯이 상당히 다른 양상을 보이고 있다. 따라서 모든 영역에서 중간상이 배제될 것이라는 주장은 사실상 그것 자체로는 의미가 없다. 그러나 이러한 논의는 결국 일반 상품의 모듈화 가능성이나 대량맞춤생산(Mass Customization)의 가능성으로 연결되어 지속적으로 문제화 되고 있다.

또한 우리의 주목을 끄는 것은 중간상이 배제되는 속도와 새롭게 변화하는 환경에 적용하여 발생하는 새로운 중간상의 발생속도에 대한 논의이다. '유통기능상의 모든 역할은 수행되는 역할만큼 보상

될 수 있어야 존재할 수 있다'는 유통기관론의 제1명제에 따라 결국 이러한 논의는 새로운 중간상의 역할과 형태에 대한 논의이기도 하다. 디지털 환경에서 요구되는 정보적 처리능력의 강화와 점차 스핀 오프되는 배송기능의 강화가 새로운 유형의 중간상 역할과 밀접한 관계를 맺게 된다. 다른 한편으로는 이러한 중간상 역할의 재정의는 새롭게 정의되는 유통경로의 지평 위에서 유통경로의 권력과 보상의 분배라는 새로운 유형의 갈등의 양상을 불러일으키게 된다.

새로운 경로환경의 대두는 기존 경로구성원의 대응방식의 변화를 불러일으키게 되고, 새로운 경로환경에 근거해 발생한 유통경로는 다시 기존 경로구성원의 대응방식에 반응하게 된다. 이러한 유통경로의 변증법적 성격을 가장 잘 대변하고 있는 것이 온라인 유통경로와 오프라인 유통경로를 동시에 운영하는 혼성경로관리(Hybrid Channel Management) 문제라고 할 수 있을 것이다. 특히 기존의 오프라인 유통경로에 기반한 소매기업이 온라인 유통경로로 진출할 때 발생하는 많은 문제점을 중심으로 이에 대한 논의가 이루어져 왔다. 그러나 온라인 경로와 오프라인 경로의 보완성에 대한 인식이 자리 잡게 되면 이러한 문제점에 대한 극복방향이 발견될 수 있고, 더 나아가 온라인만의 유통경로 참여자(Pure Player)보다 오히려 강력한 힘을 발휘할 수 있다는 것이 현재의 논의진행방향이다. 이때 주의할 점은 과연 어떠한 점이 오프라인 경로 참여자에게 온라인 유통경로로의 진출을 방해하고 제약하며 어떠한 타개책이 있을 수 있는가 하는 점이다. 이러한 문제에 대해 혼성경로관리 문제에 대한 점검을 통해 살펴보고자 한다.

디지털 환경이 주는 새로운 변화의 지평 중에 대표적인 것으로서 재화에 대한 새로운 규정을 빼놓을 수 없다. 디지털 환경 이전에 물적 소비의 대상인 물리적 재화와 대인적 소비의 대상인 서비스에 대한 구분에 더하여 정보의 중요성이 강화되는 디지털 환경하에서는 정보재(information goods)가 새로운 재화의 유형으로 특성화되게 된다. 정보의 중요성에 대해서는 마케팅의 발전과 함께 소비자 조사의 중요성을 통해 지속적으로 강조되어 왔다. 그러나 정보의 가치평가에 대한 불확실성, 배타적 소유의 불가능성 등의 이유로 인해 정보는 재화의 한 유형으로는 취급받지 못하여왔다. 그러나 개개인의 정보관리능력의 강화와 정보전달(정보유통)방식의 혁명적인 변화는 이미 정보재를 하나의 재화유형으로 인식하지 않고는 마케팅 활동이 불가능한 방향으로 몰고나가고 있다. 정보재에 대해서는 기존의 재화와 전혀 다른 새로운 성격의 재화라는 주장과 기존 재화와 일정한 성격을 공유하고 있다는 주장이 공존해 왔으나 최근 기존 재화와의 유사성과 차별성에 대한 논의가 더욱 정교화될수록 후자의 입장에서 접근하는 경향이 커지고 있다. 이에 따라 정보재의 성립과정과 정보재의 차별적 성격, 정보재 유통을 통한 마케팅 경로 차별화 방안에 대한 논의가 이루어져야 할 것이다.

마지막으로 유통경로는 수많은 독립적인 경로구성원이 상호의존하여 하나의 시스템 목표를 추구하는 복합체이다. 따라서 유통경로 구성원의 관계에 대해 디지털 환경이 미치는 영향에 대해 살펴볼 필요가 있다. 기본적으로 80년대 후반에 인식되기 시작한 유통경로의 변화는 거래지향적 관점에서 관계지향적 관점으로의 이동이다. 이러한 인식은 더 이상 일회적인 거래의 성과들의 집적만으로는 변화의 속도가 빠르고 불확실성이 강해지고 있는 시장환경에 성공적으로 대응하기 어렵다는 인식에서 출발한다. 이러한 요구에 대해 디지털 환경은 더욱더 기관 간 통합의 방향을 강화하는 환경을 강

요하게 된다. 왜냐하면 관계지향성의 요구가 지속되고 있는 환경에
대해 관계의 유지를 위한 한 기업의 투자는 전략적 경쟁우위의 원
천으로 작용하게 되고, 이러한 경쟁우위에 뒤질 수 없는 많은 추종
기업들은 더 발전된 정보기술을 통해 기업 간 거래의 프로세스를
강화하게 되기 때문이다. 결국 정보기술에 대한 투자는 더 이상 경
쟁우위의 원천이라기보다는 전략적 필수재화 되고 있다. 문제는 서
로 상이한 이해관계를 갖고 규모, 학습능력, 개발능력, 시장대응능력
등 다양한 의미에서 상이한 수준을 갖는 유통경로의 구성원들이 이
러한 과정을 어떻게 받아들이고 어떻게 대응할 것인가 하는 문제이
다. 이러한 유통경로 구성원의 관계 긴밀화 과정에 대해 마지막으
로 검토하고자 한다. 이러한 이론적 검토를 통해 우리가 새로운 환
경 속의 유통경로 구성원이 이해할 수 있는 변화의 방향을 도출하
는 것이 이 장의 목적이다.

2) 비마찰적 시장가설

(1) 비마찰적 시장의 출현

오프라인 시장과 온라인 시장의 효율성 인터넷의 시장효율성 문
제는 일부 경제학자와 경영정보관리학자들에 의해 제기된 인터넷의
'비마찰적 시장가설(Frictionless Market Hypothesis)', 즉 모든 소비
자가 완전정보를 갖고 거래비용이 없는 시장경제에 가까워 질 것이
라는 주장(Bakos, 1997)에 대해 인터넷 시장의 성과를 검증하고자
하면서 제기된 것이다. 이러한 시장의 성립이 인터넷유통질서를 주

도한다면 결국 시장마찰(Market Friction)을 줄이기 위해 기존의 중간상이 해왔던 기능이 대다수 해소되어버리고 인터넷 중간상의 기능도 축소될 수밖에 없을 것이다(탈중간상화). 다른 한편으로는 축소된 인터넷 중간상의 기능에 따라 인터넷상거래 기업의 시장프리미엄도 해소되어 버린다면 인터넷 상거래 기업의 가치에 대한 소위 '인터넷 거품론'을 입증하게 되는 것이다(김재윤, 2000).

그러나 인터넷상거래에 대한 낮은 탐색비용, 격심한 가격경쟁, 낮은 이윤, 낮은 재고부담 등의 특징에 근거하여 문제에 접근하는 것은 지나치게 문제를 단순하게 파악하는 것으로 보인다. 왜냐하면 이후에 살펴보게 될 것처럼 이미 인터넷상의 많은 상거래사이트가 다양한 차원의 기능을 수행하고 있고, 이에 따라 중간상의 기능에 대한 이해 없이는 이러한 현상에 대한 접근이 어려워지고 있기 때문이다.

그럼에도 불구하고 인터넷의 현재 진행되어지고 있는 시장효율성 차원에 대한 이해를 통해 향후에 전개될 시장의 진화방향에 대해 모색하는 것이 가능할 것이다. 시장효율성 문제에 대한 이해를 통해 현재 인터넷 시장을 규정하고 있는 참여자 간의 역학관계에 대해 접근하여 인터넷 역시장을 가능하게 하는 경제적 힘과 기존의 유통경로 참가자에 있어 역할재조정 과정에 참여하도록 하는 힘을 파악하고자 한다.

(2) 시장효율성의 비교기준

두 개의 상이한 환경 속의 시장에 대한 비교를 어떻게 수행할 것인가 하는 문제는 비교적 어려운 문제이다. 실증적으로 동일한 비교

대상을 찾는다는 것이 쉽지 않기 때문이다. 따라서 이러한 문제에
대한 실증적 접근들은 보통 완벽한 동등재를 찾아 이들의 성과를 비
교하는 방향에서 이루어져 왔다. ISBN 코드의 동일성 속에서 서적
은 비교적 이러한 동등재에 대한 가정을 충족시키므로 많은 연구가
인터넷 서점과 오프라인 서점의 판매가 비교를 중심으로 이루어져
왔다. 같은 맥락에서 자동차, CD음반, 와인과 같은 제품이 주로 이러
한 문제에 대한 접근 기준으로 제시되어 왔다. 시장 자체의 효율성
을 검증하기 위해 이러한 단편적 시장에 대한 이해는 시장에 대한
비교를 일반화하는데 한계가 있을 수 있다. 그럼에도 불구하고 객관
적 검증을 위한 특별한 대안을 찾기도 어려운 것이 현실이다.

다른 한편으로 시장효율성에 대해 주로 판매가격을 중심으로 접
근하게 되므로 많이 활용되는 기준은 가격수준, 가격변동가능성, 가
격이산성 등이다. 여기서는 이러한 동등재 시장을 중심으로 하여
판매가격에 대한 비교를 통해 인터넷 시장과 물리적 시장을 비교한
실증연구들을 검토해 보고자 한다.

① 가격수준(Price Level):온라인 시장의 가격은 더 저렴한가?

고전경제학적 관점에서 시장효율성은 거래를 촉진하는 모든 참가
자의 복지수준이 달성될 때 최대화된다. 판매자가 가격을 결정하는
소매시장에서 효율성은 가격이 소매상의 한계비용과 같은 수준에서
결정될 때 달성된다. 왜냐하면 한계비용을 넘어서는 가격책정은,
한계비용과 가격 사이의 수준에서 제품의 가치수준을 평가하는 소
비자에게는 거래가 일어나지 않도록 하기 때문이다.

여기서 문제는 만약 전자적 시장(electronic market)에서 소비자

가 소매상의 가격과 제공되는 제품을 보다 더 쉽게 결정할 수 있다면, 이러한 낮은 탐색비용은 동질적인 재화는 물론 차별화된 상품에 대해서도 보다 더 낮은 가격이 형성되도록 할 것이라는 것이다.(Bakos, 1997) 따라서 이 경우에 문제는 인터넷에서는 가격이 물리적 시장보다 낮아지는가 하는 문제가 제기된다.

또한 소매상의 비용구조에 있어서도 전자적 시장에서 가격이 더 낮아질 가능성이 생겨나게 된다. 개선된 비용구조는 두 가지 방식으로 더 효율적인 가격책정이 가능하게 한다. 첫째는 낮아진 시장 진입비용으로 인해 실제 또는 잠재적 경쟁의 가능성으로 인해 기존의 시장 참여자로 하여금 지속적인 프리미엄 가격을 유지하기 어려워진다는 것이다. 둘째는 비용구조의 개선으로 인해 장기적 가격의 균형은 프리미엄 가격의 수준보다 낮게 형성된다고 하는 것이다.(Smith and Brynjolfsson, 1999b)

그러나 인터넷 가격수준에 실증결과는 서로 상반된 결과를 보이고 있다.

[표 1] 가격수준에 대한 대표적 실증연구결과

연 구	자 료	발견점
Lee(1997)	1986-1995년 사이 전자적 경매와 전통적 경매 시장에서의 중고차 가격	인터넷 경매 가격 〉 물리적 경매 가격
Bailey(1998a, 1998b)	1996-1997년 사이 기존 점포와 인터넷 서점에서 서적, CD, 소프트웨어의 가격 비교	인터넷 시장 가격 〉 물리적 시장 가격
Brynjolfsson and Smith (1999a)	1998-1999년 사이 기존 점포와 인터넷 서점에서 서적, CD, 소프트웨어의 가격 비교	인터넷 시장 가격 〈 물리적 시장 가격

대표적 실증연구 결과는 가장 최근에 수행된 Brynojolfsson and Smith (1999a)의 연구를 제외하고는 인터넷에서 형성되는 가격수준이 더욱 높은 것으로 나타나고 있다.

이러한 연구결과에 대해 Lee(1997)의 연구에서는 대상이 되는 인터넷 경매사이트의 세팅에 대한 문제점을 제기하고 있다. 즉 일본 전국을 대상으로 하는 딜러 대상의 경매사이트이기 때문에 상대적으로 많은 경매자가 경매물건을 내놓고, 경매를 진행하게 됨으로써 기존의 물리적 경매장에 비해 더 큰 네트워크 외부성을 경매사이트가 같게 되었다는 것이다. 그러나 더욱 중요한 점은 실물을 대상으로 하는 경매가 아니기 때문에 제품검증에 대한 추가적인 서비스가 필요했다는 점(부가적 기능에 의한 가격상승)과 물리적 경매장과는 달리 매물이 경매장으로 실제로 움직이지 않기 때문에 경매물건에 대해 낮은 가격으로 경매가 진행될 경우 물리적 경매에 비해 협상력이 강화되었다는 점을 들고 있다. 이러한 점은 매물을 올리는 사람과 경매입찰자의 풀(pool)이 동일한 개인 간 경매사이트에서도 유사한 방향으로 작용하게 되리라고 생각된다.

그러나 Bailey(1998a, 1998b)의 경우는 이러한 점에서 차이가 있다. 대상으로 한 사이트가 경매라는 특수한 세팅에 있지 않기 때문이다. 여기에 대해 Bailey는 '시장미성숙성' 가설(Market Immaturity Hypothesis)을 제기하고 하고 있다. 시장의 미성숙성으로 말미암아 프리미엄 가격이 해소될 정도의 충분한 가격경쟁이 일어나지 못하고 있다는 것이다. 이러한 가설은 같은 연구에서 제시된 Barns and Noble이 인터넷 시장에 진입하게 된 1997년 3월 19일 이후의 가격분석을 통해 상당한 근거를 찾고 있다. 경쟁자의 시장 진입 이후 아마존에서는 거의 10%에 이르는 가격할인을 보이고 있기 때문이다. 이러한 점은 일단 Brynjolfsson과 Smith(1999a)에서 지지되고 있다. 일반적으로 볼 때 비교 가능한 품목에 대해 전반적인 가격수준은 하락할 것으로 보인다.

하지만 여기서 고려되어야 하는 가격교란요인을 생각해 볼 수 있다. 이것은 인터넷에서 많이 활용되고 있는 미끼상품(Bait and Switch) 전략이다(Bailey, 1998a). 가격검색엔진에서 일단 선택되면 구매에 이르기까지 회원가입 등의 절차를 통해 전환비용을 소비자가 지불하게 할 수 있기 때문에 웹카탈로그에 비현실적인 저가로 고객을 유인하는 방법이다. 그러나 장기적으로 볼 때 이러한 방법은 인터넷에서 효과가 나타나지 못하게 될 것으로 보인다. 왜냐하면 1) 웹사이트에는 설득력 있는 판매원 없어 대체물의 제시에 고객이 반응하지 않을 가능성이 높고, 2) 따라서 판매원은 고객을 파악하고 약점을 찾을 수 없으며, 3) 소비자는 다른 점포로 가기 위해 '뒤로(Back)' 버튼을 누르기만 하면 되어 전환비용의 구축이 어렵기 때문이다.

② 가격이산도(Price Dispersion) 한 시장 안에서 가격차이는 어느 쪽이 더 큰가?

가격이산성은 점포 간 가격차이의 분산정도를 말한다. 가격이산성은 탐색비용이 높거나, 소비자가 가격에 대한 불완전한 정보를 갖고 있는 경우에 나타나게 된다(Brynjolfsson and Smith, 1999b). 이와 같은 사실을 전제할 때 Bakos(1997)에서 주장된 바와 같이 탐색비용이 인터넷 시장에서 낮거나 인터넷에서 소비자가 가격과 가격이산성에 대해 정보를 얻기가 쉽다고 하는 것을 받아들인다면 전통적 시장에 비해 인터넷에서 가격이산성이 낮은 것이 당연하다고 할 수 있을 것이다.

　그러나 실증결과는 이와는 다른 것으로 나타나고 있다. 대부분의 연구에서 이러한 차이를 사이트의 신뢰(trust)와 인지도(awareness)의 차이에 의한 것으로 보고 있다. 일반적으로 인터넷 시장에서의 가격이산성의 근거로 제시되고 있는 것으로는 다음과 같은 것들이 있다 (Brynjolfsson and Smith, 1999b)

　　a. 제품이질성: 측정되지 못한 사양의 가치
　　b. 편의성과 쇼핑경험: 시간의 가치
　　c. 인지도: 가상공간의 가치
　　d. 소매점포 이미지와 신뢰
　　e. 충성고객화 전략(Lock-in)
　　f. 가격차별화 정책

[표 2] 인터넷 점포 간의 가격이산성에 관한 실증연구

연 구	자 료	발견점
Bailey(1998a, 1998b)	1996-1997년 사이 기존 점포와 인터넷 서점에서 서적, CD, 소프트웨어의 가격 비교	인터넷 가격이산성이 작다는 가설 기각
Clemons, Hann and Hitt(1998)	1997년 비행기 티켓에 대한 온라인 여행사의 가격	인터넷에서 상당한 가격 이산성 보임 (평균 가격차 20%)
Brynjolfsson and Smith (1999a)	1998-1999년 사이 기존 점포와 인터넷 서점에서 서적, CD, 소프트웨어의 가격 비교	인터넷에서 상당한 가격이산성 보임 (평균 가격차 25-33%)

　다른 한편으로는 앞서 살펴본 미끼상품(Bait and Switch)전략에서도 원인을 살펴볼 수 있을 것이다. 인터넷에서의 가격경쟁에 대

응하기 위해 사이트 운영자들이 낮은 메뉴비용에 근거하여 비현실적인 가격을 설정한 제품들이 포함될 수 있다는 것이다. 실제로 가격검색엔진의 운영자들은 소비자들이 검색결과에서 최저가보다는 약간 가격이 높은 사이트를 선택하는 경향이 있다는 사실이 보고되고 있다.(Bailey, 1998a)

그러나 인터넷 비즈니스의 발전에 따라 사이트의 신뢰도를 함께 평가해주는 다차원 가격검색엔진(한국에서 서비스를 제공 하였던 예로는 www. mymargin.com 참조)나 소비자 평가사이트(www. entalk.com, www.omi.co.kr 참조)가 생겨나고 있어 이러한 전략은 장기적인 유효성을 갖기 힘들 것으로 보인다. 따라서 인터넷 중간상의 입장에서 공급능력의 확보는 더욱더 핵심역량구축에 중요한 역할을 하게 될 것으로 보인다.

③ 가격민감도(Price sensitivity): 온라인 소비자는 가격변화에 더 민감한가?

소비자의 가격민감성이란 가격이 변화함에 따라 제품의 수요변화가 어느 정도일까 하는 문제이다. 소비자의 가격민감성 문제는 결국 소비자가 현재 인터넷을 통해 주어진 상품정보에 대해 어떻게 해석하고 있는가 하는 문제이기도 하다.

정교화 가능성 이론(Elaboration Likelihood Theory)에 근거해 생각한다면 만약 소비자가 인터넷을 통해 제품정보에 대해 충분히 접근할 수 있다면 소비자는 제품의 품질에 관련된 중심단서에 더욱 집중하고, 상표와 가격과 같은 상대적으로 주변적인 정보에 대해서는 덜 집중하게 되어 가격민감성이 낮아질 수 있을 것이다. 또한 이 문제는 현재 존재하는 소비자의 인터넷 정보 탐색비용의 문제이기도 하다. 만약에 탐색비용이 충분히 작다면 제품정보에 대한 처리를 효과적으로 하게 되어 가장 자신의 욕구에 적합한 제품을 찾게 될 것이므로 가격변화에 덜 민감하게 될 것이기 때문이다.

상품가격민감도가 전통적 점포에서보다 인터넷 점포에서 더 낮아질 것으로 예측되는 근거는 다음과 같은 두 가지를 들 수 있다. 첫번째는 인터넷상에서의 탐색비용이 낮아짐에 따라 소비자로 하여금 그들의 욕구를 더 잘 충족시키는 제품을 찾을 수 있는 능력이 높아진다는 것이다.(Alba et. al 1997) 두 번째로는 전자적 매체의 특성상 대면접촉에 못 미치는 '매체풍부성(media richness)'로 인해 생길 수 있는 문제이다. 인터넷상에서 제품을 평가하는 문제는 제품의 성격과 관련하여 직접 만져보지 못한다던가 냄새를 맡아보지 못한다던가 하는 "결여된 정보(missing information)"에 주의를 기울이게 된다는 것이다.(Brynjolfsson and Smith, 1999b) 따라서 결여된 정보로 말미암아 소비자는 품질에 대한 다른 시그널, 즉 제품의 품질에 대한 중심단서에 더욱 민감하게 될 것이다. 완전히 차별화된 제품의 경우에는 두 가지 근거는 모두 가격경쟁을 약화시키는 방향으로 작용하게 될 것이다. 그러나 현실적으로 현재의 시장거래에서 완전히 차별화된 제품이란 존재하기 어렵다는 문제점이 있다. 이러한 경우에는 오히려 가격정보에 소비자의 관심이 더욱 집중되게 되어 수요를 촉진할 가능성이 존재한다.

Brynjolfsson and Smith(1999b)에 제시된 소비자 가격민감도에 대한 실증결과도 상품에 대해서는 정보제공량과 상호작용효과가 있는 것으로 나타나고 있다. 따라서 인터넷을 통해 제공되는 정보의 제공량이 많을수록 가격민감도는 낮아지지만 여과된 정보(Filtered Information)의 제공에 있어 보조적인 정보제공이 존재하지 않는다

면 오히려 가격정보에 소비자의 관심을 집중시켜 가격경쟁을 촉진
할 가능성이 존재하게 된다.

④ 가격변동가능성(Price Changeability) : 온라인 시장가격은 더 원가변화
　를 잘 반영하는가?

가격의 변동가능성은 물리적 점포에 비해 인터넷 점포에서 가격
수준의 변화가 얼마나 쉬운가 하는 문제이다. 물리적인 점포에서
고려되어야 하는 가격변동에 대한 비용을 일반적으로 '메뉴비
용(menu cost)'이라고 한다. 메뉴비용이란 가격을 변동시킴으로 상
품에 대한 가격표를 갈아붙이는 비용에서 데이터베이스에 가격변동
을 반영시키는 비용 등을 포함한 소비자에게 가격을 알리고 이를
처리하기 위한 일체의 비용을 의미한다.

메뉴비용은 시장효율성 관점에서 상당히 중요한 문제를 야기하는
데, 왜냐하면 메뉴비용으로 말미암아 가격비탄력성이 초래될 수 있
기 때문이다. 가격비탄력성에 따라서 소매상은 가격변동에 따라 증
가한 수요에서 얻을 수 있는 수익이 비용을 초과하는 경우에만 가
격을 변동시키게 될 것이다. 일반적으로 인터넷 점포의 경우에는
CGI(Common Gateway Interface) 등의 기술을 활용하여 제품데이
터베이스와 웹카탈로그를 연동시킬 수 있으므로 메뉴비용이 물리적
점포에 비해 낮다. 따라서 인터넷 소매상에서의 가격변동이 훨씬
더 자주 일어날 것으로 볼 수 있을 것이다.

실증에 있어 두 연구는 모두 대상이 되는 점포에서의 가격변동의
횟수를 비교하고 있다. 일반적으로 가격변동가능성에 대해서는 정보
적 매체로서 인터넷이 더 우월한 결과를 보이고 있어 예측과 동일

한 경향을 보이고 있다. 특히 Bailey의 연구에서는 가격수준이 높게
형성되고 있음에도 불구하고 가격변동의 횟수가 더 잦은 것으로 나
타나 인터넷 점포의 정보적 우위에 대해 인터넷상거래사이트가 사
업의 초기부터 활용하고 있는 것으로 나타나고 있다.

[표 3] 가격변동가능성에 대한 대표적 실증연구결과

연 구	자 료	발견점
Bailey(1998a, 1998b)	1996-1997년 사이 기존 점포와 인터넷 서점에서 서적, CD, 소프트웨어의 가격 비교	인터넷 메뉴비용 〈 물리적 메뉴비용
Brynjolfsson and Smith (1999a)	1998-1999년 사이 기존 점포와 인터넷 서점에서 서적, CD, 소프트웨어의 가격 비교	인터넷 메뉴비용 〈 물리적 메뉴비용

특히 이러한 논의는 Buy.com에서 초기에 활용했던 시간차원에
따른 버저닝 전략(Brynjolfsson and Smith, 1999b; Shapiro and
Varian, 1998, 1999),[2) 가격검색에 대한 대응으로서 Shopbot와
Pricebot에 대한 전략(Greenwald and Kephart, 1999), 가격검색엔
진에 대한 블록킹 전략(Bailey, 1998b) 등과 관련하여 점포의 가격
수준변화에 대한 민감도를 나타내고 있는 것이기도 하다. 이러한
관점에서 경매와 역경매와 같은 변동가격시스템이 가지고 있는 인
터넷 점포에 대한 적합성에 대해 고려할 수 있다.

---

2) Buy.com에서는 초기에 최저가 정책을 실시하면서 구매제품에 대한 가
격비교기능과 함께 자사가 제공한 제품가격이 최저가가 아닌 경우 최
저가로 바뀌는 정책을 사용하였다. 이때 가격비교기능에는 최저가 구매
탐색에 대한 시간지연을 시켜 시간지연 버저닝 전략을 활용하였다.

(3) 정보와 시장효율성의 상호작용

이상의 논의를 종합해 볼 때 인터넷 시장이 고전경제학에서 가정되었던 효율적 시장으로 단순히 가정하는 데에는 문제가 있는 것으로 보인다. 모든 측면에서 단순히 정보의 효율적 배포를 통해 시장효율성이 달성되는 것이라기보다는 그 보다 더 복합적인 상호관계가 있는 것으로 나타나고 있기 때문이다. 왜냐하면 실물을 보지 못하고 구매하는 인터넷시장에서 소비자는 점포방문과 구매에 대한 위험을 크게 지각하기 때문이다. 특히 가격이산성과 가격수준에 대한 실증결과를 보면 점포에 대한 애고(patronage)현상이 나타나게 되고 이에 따라 가격이산성이 발생할 수 있는 가능성이 제기되게 된다. 또한 이러한 가격이산성은 결국 가격수준이 가장 효율적인 선에서(가장 저렴한 선에서) 결정되지 않을 수 있는 가능성을 제시하는 것이기도 하다.

반면 메뉴비용과 관련된 가격변동의 소매가격 반영능력에 대한 검증을 통해 소비자에게 가장 신뢰성 있는 가격을 제시할 수 있는 관리상의 강점을 인터넷 점포가 갖추고 있음을 확인할 수 있다. 결국 이러한 관점에서 보았을 때, 인터넷 시장은 비마찰적 시장가설에서 제시되고 있는 것과 같은 정보적 효율성만에 근거하는 시장이라고 보기는 어려울 것 같다. 어떤 관점에서 볼 때 이러한 현상은 시장메커니즘 자체의 문제라기보다는 소비자의 정보처리능력과 더 깊은 관계가 있는 것으로 보인다. 왜냐하면 가격정보의 유포능력과 속도와 관계없이 소비자가 처리할 수 있는(경험할 수 있는) 정보의 제약으로 인해 시장의 효율성이 배제되는 상황이 나타나고 있기 때문이다. 따라서 소비자에게 신뢰할 수 있는 정보를 주는 각 점포의 능력이 가격수준과 밀접한 연관관계가 있다. 광고, 상품정보의 제시, 점포이미지의 지속성 관리 등을 통해 정보를 제공해 줌으로써 인터넷 시장에서도 비가격경쟁이 이루어지게 된다는 것이 초점이다.

그럼에도 불구하고 시장효율성과 관련된 비마찰적 시장가설에서 우리가 얻을 수 있는 교훈은 온라인 시장에서의 경쟁환경은 오프라인 시장과 차별적인 것이고, 이러한 환경의 격리성 때문에 새로운 시장질서가 동시에 제기될 수 있다는 것이다. 판매사이트가 아닌 정보제공사이트가 가격에 대한 영향력을 평가할 때 인터넷상의 소매기관은 가격정보의 유포에 대해 더 취약한 경향을 보이고 있을 뿐 아니라 게시판을 통한 소비자 간 상호작용(인터넷 구전)의 영향력 역시 더욱 큰 경향을 보이기 때문이다. 따라서 단순한 가격경쟁에 의한 시장효율성에 의한 비교보다는 정보와의 상호작용을 통한 경쟁환경의 유사성과 차이점에 대해 함께 고려할 필요가 있다.

3) 탈중간상화 논쟁의 전개와 추이

(1) 탈중간상화 주장의 논거

인터넷을 통한 상거래 가능성에 대한 언급이 일어나기 시작했을 때, 많은 연구자들은 인터넷의 동시존재성(ubiquitousness)과 자동 거래체결능력에 착안하여 제조업체의 직접경로의 지배력 강화 현상을 예상하였다. 예를 들어 "고급셔츠시장에서 도매업자와 소매업자가 전통적인 가치사슬에서 제거될 수 있다면, 소매가격이 거의 62%까지 감소하는 것이 가능하다는"(Benjamin and Rolf, 1995) 주장과 같은 것들이 그것이다. 따라서 인터넷을 통한 전자적 시장에서는 기본적으로 공급자와 생산자가 네트워크를 통해 직접적인 거래가 얼마든지 가능하기 때문에 구태여 중개인이 필요 없다는 주장, 즉 경로배제위협(Disintermediation)이 지배적인 것으로 여겨져 왔다. 특히 인터넷을 통한 직접 마케팅을 주로 하는 델컴퓨터(Dell Computer)의 극적인 성장을 이러한 주장을 지지하는 증거로 들어 왔다.

[표 4] 경로배제위협 논쟁

경로배제위협 가설에 대한 입장	연 구	주장내용
제조업체와 소비자의 직접거래 잠재력이 발휘되는 과정에서 중간상이 배제됨	Malone, Yates and Benjamin (1987)	공급자의 거래비용의 감소로 인해 위계보다는 시장형 구조가 등장
	Benjamin and Wigend (1995)	중간상 배제에 따라 소비자 가격이 하락할 수 있음
	Davenport(1998)	비용감소, 속도증가, 리엔지니어링의 결과로 중간상 배제
	Topscott(1997)	음반, 금융, 소매, 조달, 보험, 부동산 등에서 경로배제위협 현상 보임
중간상이 유통기능/구조의 재조정을 통해 유통기능을 담당	Sarkar, Brian and Steinfield (1995, 1998)	거래비용분석에 대한 재검토를 통해 중간상의 진화경로에 대해 설명(1995), 시장구조에 대해 확장(1998)
	Bailey and Bakos(1997)	정보, 신뢰, 집적, 거래자 연결의 중간상 기능이 있음
	Bakos(1997, 1998)	전자적 시장 활성화를 위해 거래자 연결, 거래형성, 제도적 하부구조의 기능이 필요
	Forrester(1999)	시장형성자의 유형으로 거래집적자, 온라인 경매인, 현물교환시장을 제시
	Zwass(1998)	중간상의 변환을 통해 가격발견 과정/거래과정 보증기능이 필요
	Riggins(1999)	중간상에 의한 가치창출기회의 가능성
	Alba et. al(1997)	제조업체는 소매기능을 담당할 가능성이 적음
	Achrol and Kotler(1999)	정보중간상에 의한 기회네트워크 형성

자료원: Scott(2000) 수정, 보완

델컴퓨터와 같은 인터넷에 기반한 사업모형(Internet-based business model)에 근거하여 사업을 시작한 경우와 그렇지 않은 경우의 차이에 대한 경고가 지속되어 왔다. 예를 들면 인터넷을 통한 경로갈등 문제의 해결이 인터넷을 통한 전자상거래의 성공에 대한 전제조건이라는 주장이 그것이다. 더 나아가 전통적인 경로에서 중간상 존재의 경제적 합리성에 비추어 볼 때(여행업의 경우, 대량조달-소량판매기능, 여행티켓-렌터카-호텔-환승과 같은 전체 여행패키지를 제공할 수 있는 능력 등) 인터넷으로 인한 중간상의 배제는 일어나지 않을 것이라는 주장 역시 강력하게 제기되어 지고 있다. 따라서 중간상 개입의 형태가 가상 중간상(virtual middleman)의 등장과 함께 변화하게 될 것이라는 재중간상화(reintermediation) 현상이 일어나게 된다는 것이다.(Frank, 1997) 변화하는 중간상의 역할에 따라 어떠한 사업모형이 존재할 수 있을 것인지 기존의 중간상의 역할 변화와 새롭게 등장할 중간상의 유형 및 발전모형에 대한 연구의 필요성이 제기되고 있다.

이에 따라 경로배제위협에 대한 초기의 주장에도 불구하고 경로배제위협에 대해서는 실무계와 학계의 지속적인 반론이 제기되어 왔다.

이러한 발전과정을 통해 현재는 '아직도 경로배제위협이 가능하다고 믿는 사람은 없다'는 주장(Carr, 2000)에 이르고 있다. 그러나 기존오프라인 유통경로 기관에서는 전자적 시장이 형성되면 경로에서 배제될 것이라는 불안감이 팽배해 있다. 왜냐하면 전자적 경로의 구성에 따른 중간상의 경로배제가 제조업체가 제조업체나 후방 공급업체에 있어서 중요시장에 대한 투자요인을 제공하였기 때문이다. 결론적으로 전자적 경로의 성립은 현실유통에서 유통갈등을 불러일으킬 소지를 확대한다.

(2) 지분법칙, 거래수 최소화의 법칙, 수요 서비스 성과

우리가 탈중간상 논의에 접근하기 위해서는 서로 독립적이면서 상호연관된 유통기관의 속성에 대해 정리할 필요가 있다. 이때 유통경로기관 경영에 있어 가장 중요한 법칙으로는 지분법칙(Equity Principle)과 거래수 최소화의 법칙을 들 수 있을 것이다.

우선 지분법칙이란 "유통경로상의 모든 경로기관은 경로상에서 수행하는 기능에 의해 발생하는 부가가치만큼 보상받게 된다."는 법칙이다. 예를 들어 IBM의 경우 이러한 법칙에 근거하여 효율성 도표(Efficiency Template)를 작성하여 유통경로 구성원에 대한 보상을 설계하고 관리하고 있다.[3] 더 나아가 이 지분법칙이 함의하는 바는 유통기관이 생략될 수 있다고 하더라도 그 기관이 수행하는 기능은 유통경로상에서 배분되어야 한다는 것이다. 따라서 유통경로시스템이 경로단계를 단축할 수 있다고 하더라도 수행되던 기능은 반드시 유통경로가 수행하는 소유권, 물리적 재화, 신용의 이전이라는 경로기능에 비추어 볼 때 셔츠제조업체의 탈중간상화에 대한 Benjamin과 Rolf(1995)의 분석은 단면적인 분석이라는 비판을 피할 수 없다.

경로기관이 생략되는 것 자체가 중요한 것이 아니라 오히려 더욱 중요한 측면은 수요 서비스 성과(S. O. D.; Service Output Demand)에 따라 세분화된 시장 중에서 어떤 시장을 목표시장으로 개발할 것인가 하는 것이다. 예를 들어 가격수준에 있어 할인점은 월등한 경쟁력(또는 경쟁력 있는 마인드 포지션)을 갖지만, 동네 잡화점은

---

3) 자세한 효율성 도표(Efficiency Template)의 작성방법에 대해서는 Coughlan, Aderson, Stern and El-Ansary(2001), Marketing Channels, Sixth Ed., Prentice Hall 참조.

접근성과 접객능력, 그리고 가장 중요한 구매수량분화(Bulk Breaking)에서 강력한 힘을 갖기 때문에 서로 공존할 가능성이 생겨나게 된다. 만약 Benjamin과 Rolf(1995)가 분석한 와이셔츠의 사례에서 직판을 결정한 와이셔츠 생산공장이 개별 소비자의 구매수량분화, 배송, 매장에서의 체험을 제공하지 못한다면 62%의 원가절감은 실제로는 소비자 체험, 구매수량분할, 접근성 등 기존 유통경로 구성원이 수행하는 기능에 대한 보상으로 파악할 수 있기 때문이다. 따라서 이러한 절감이 모두 성취되기 위해서는 수요 서비스 성과가 다른 소비자에 대해 포지셔닝하지 않으면 안 된다. 다른 한편으로 수요 서비스 성과가 다름으로 인해 발생하는 매출의 감소를 감수하지 않으면 안 될 것이다.

그렇다면 이러한 반론이 제기될 수 있다. 만약 디지털 환경에서 제기되는 전자적 의사소통 효과에 의해 정보원에 대한 접근비용이 0에 가까울 정도로 줄어든다면 소비자가 모든 제조원에 접근함으로써 새로운 수요 서비스 성과를 달성할 수 있지 않겠는가 하는 것이다. Klein(1989)에서 제기된 것과 같은 인터넷 환경의 변화에 따라 점차 제품은 경험재 영역에서 탐색재의 영역으로 변화하게 되어 단순히 소비자가 사전에 정해놓은 기준에 따라 검색이 가능한 형태로 변화하게 될 것이다라는 주장이 이러한 주장과 일맥상통하고 있다.

그러나 이러한 일은 실제로 소비자들의 정보처리용량의 제약과 수요의 변화(유행)가 있으므로 현실화되기 어려울 것이다. 왜냐하면 모든 제조원 또는 제조업체에 대해 최소한 내구재에 대해서 만이라도 변하지 않는 선호가 시장에서 구축되는 것이 전제되지 않는 한 거래 비용이 0이라는 식의 유통구조가 형성되는 디지털환경은 허구적이기 때문이다. 오히려 디지털 환경의 전개와 함께 제품의 다양성과 복잡성은 더욱 크게 증가할 것으로 보인다. MP3, DViX 기술과 같은 새로운 형태의 디지털 정보처리기술이 나타나 오디오, 비디오 상품의 유통과정의 변화를 가져오고, 저장, 기록방식의 변화가 급변 하는 것도 이러한 변화의 한 측면이다. 이러한 디지털 환경의 급변 을 단적으로 보여주는 사례 중 하나가 1980년대 개발되고 현재에도 운용되고 있는 미우주항공국의 우주왕복선에 탑재된 컴퓨터의 처리 용량과 속도는 현재 보편적으로 사용되는 개인용 컴퓨터보다 떨어 진다는 사실이다.

따라서 유통구조상의 중간상의 존재이유를 설명해 주는 거래수 최소화의 법칙은 앞으로 상당한 기간 동안 유효할 것으로 보인다. 만약 다자간 의사소통의 잠재적 비용(거래비용)이 0이 된다면 중간 상의 존재는 부정되겠지만, 그렇지 않다면 중간상이 존재하는 것이 거래비용의 총합을 획기적으로 줄이게 되기 때문이다.

오히려 여기서 쟁점은 과연 모든 중간상은 사라질 것인가하는 문제 보다는 새로운 환경에 적응하지 못하여 사라지게 되는 중간상은 어떤 기능을 이전하게 되고, 이러한 기능은 어떠한 새로운 기술에 의해 담 보될 것인가하는 점이라고 볼 수 있다. 결국 디지털 시대의 중간상은 독자적인 유통기관으로서 더욱 강화되고 새로운 기능을 담당하고 있 는 한 새로운 유통권력의 중심이 될 수 있지만, 그러한 영역에 적응하 지 못한다면 담당하고 있던 기능을 다른 유통기관에게 이전시키고 흡 수될 것이기 때문이다.

(3) 중간상 역할의 이전과정

중간상의 유통경로상에서의 기능을 고려해 본다면 거래 프로세스

56

상의 기능 속에서 이해해볼 수 있을 것이다. 거래 프로세스라고 한다면 전시/재고-주문접수-주문처리-상품선별-상품포장-지불/지불확인확인-배송-고객관리-거래완료로 이어지는 거래 진행상의 절차를 의미한다. 이때 디지털 환경하에서 전후방의 다른 유통기관(즉 제조업체나 소비자)에게 이전되는 기능은 디지털 환경에 의해 정보흐름이 가속되는 영역에 놓여 있는 기능들이라고 볼 수 있다. 정보흐름의 가속에 의해 다른 기관이 부수적으로 처리할 수 있는 용량이 확대됨에 따라 독자적인 유통기관을 유지할 수 없게 되어 탈중간상화 현상이 일어날 수 있기 때문이다. 따라서 인터넷상의 대안적 유통기능 구현이 가능한 영인가에 대한 검토가 선행되어야 할 것이다.

[표 5] 거래 프로세스에 대한 인터넷 유통기능 구현 평가

거래 프로세스	인터넷 기능 구현정도	인터넷 기능구현 예	탈중간상화 가능성
전시/재고	중간	전자 카탈로그/가상재고	경험재 성격이 클수록 낮음
주문접수	매우 높음	쇼핑몰 장바구니	높음
주문처리	높음	전자주문서처리	높음
상품선별	낮음	전자피킹시스템(구현사례적음)	낮음
상품포장	낮음	-	낮음
지불/지불확인	중간	신용카드지불처리/페이게이트	높으나 신뢰재, 경험재의 경우 후불제(면대면거래)선호
배송	낮음	-	낮으나 S/W, 오디오, 비디오등 정보재는 매우 높음
고객관리	매우 높음	CRM 패키지	높으나, 서비스 품질의 향상에 한계가 있음
거래완료	매우 높음	전자우편 통지	매우 높음

이렇게 평가해 볼 때 전후방기관으로 이전이 용이한 단순한 거래 프로세스상의 처리기능만을 담당하고 있거나 탐색재만을 취급하는 전문점, 또는 정보재를 취급하는 경우에는 탈중간상화 가능성이 있으나 그 외의 유통기관에서는 단순한 탈중간상화 논리로는 설명되지 않는 영역이 있을 수밖에 없다는 것을 확인할 수 있다. 또한 단순한 정보흐름만을 담당하고 있었던 경우에는(예를 들어 신용기능을 담당하지 않는 경우) 탈중간상화 가능성이 높다고 평가할 수 있을 것이다.

따라서 거래 프로세스상에서 정보유통-물적 유통-정보유통-물적유통-정보유통의 흐름이 존재하고 이때 물적 유통만을 필요로 하는 경우(재고상품의 관리, 포장, 배송 등)와 정보유통 중 신용기능을 담당하는 경우(지불처리 등)는 스핀오프되어 새로운 중간상으로 진화하게 될 것으로 보인다. 전자의 경우로는 요즘 급증하고 있는 택배회사를 들 수 있을 것이고, 후자의 경우로는 신용처리기관으로서 페이게이트나 휴대폰 결제기관, 소액결제시스템 등을 예로 들 수 있을 것이다. 반면 정보유통 만을 담당하는 경우(단순 주문처리 및 판매)는 점차 그 기능이 탈중간상화하게 될 것으로 보인다. 다만 예를 들어 인터넷 서점이나 인터넷 포털사이트와 같이 정보의 유통의 범위가 집객력을 갖추기 위한 컨텐츠의 구비, 물적 유통취급 능력, 주문정보의 처리능력에 걸쳐 있는 경우에는 새로운 중간상으로 발전하게 될 것으로 보인다. 새롭게 형성되는 인터넷 세분 시장에 대한 수요집적력을 갖추게 되기 때문이다. 여기에서 발생하는 새로운 중간상에 대해서는 5절에서 더 자세히 다루도록 하겠다.

4) 정보재 산업의 발전과 유통구조의 복합화

(1) 상품에 대한 정의의 변화

유통경로의 중심에는 상품이 있다. 최근에 이르기까지 마케팅 분야에서 상품에 대한 이해는 물리적 형태를 갖는 제품에 대한 것을 중심으로 하는 것이었다. 여기에 대해 부가적으로 특수주제로 다루었던 서비스가 독자적인 상품의 형태로 인식되기 시작한 것도 비교적 최근의 일이라고 할 수 있다. 물리적 제품(Physical Product)에 대해 서비스는 무형성, 분리불가성, 이질성, 재고불가능성 등의 특징에 비추어 볼 때 독자적인 관리의 대상으로서 영역을 구축하게 된 것이다. 이러한 과정을 통해 상품에 대한 이해 역시 더욱 심화되게 되었다. 상품은 실제로 물리적 제품의 속성과 서비스의 속성이 복합되어 있다는 의미에서 제품-서비스 연속체(Continuum of Product-Service)와 같은 상품 구성에 대한 제시가 나타나게 되는 것이다. 예를 들어 레스토랑 서비스의 경우 요리라고 하는 물리적 제품과 서빙이라고 하는 서비스가 복합되어 있는 혼성 상품(Hybrid Product)으로 볼 수 있다는 것이다.

디지털 환경의 진전은 새로운 상품에 대한 정의를 요구하고 있다. 소프트웨어와 게임산업의 발전에 따른 디지털 컨텐츠에 대한 새로운 정의의 필요성이 제기되고 있는 것이다. 이러한 정보의 분야는 인터넷 유통이 발전하면서 더욱더 상품으로서의 요건을 갖추어 나가게 된다. 예를 들어 2002년 시작된 휴대폰 컬러링(RBT: Ring Back Tone)의 경우 이미 1200억 원의 시장을 형성하고 있다. 따라서 독자적인 상품의 영역으로서 정보재(Information Product)의 특성에 대한 이해를 기반으로 상품에 대한 정의가 더욱 심화 될 수 있을 것이다. 예를 들어 레스토랑 상품의 경우 요리와 서빙 위에 메뉴와 요리에 대한 추천과 같은 정보제공이 복합되는 것으로 파악 할 수 있다는 것이다. 실제로 휴대폰의 경우, 단말기의 판매보다는 정보서비스의 이용이 더 지속적인 큰 시작이 되고있다. 마찬가지로 자동자 판매의 경우, 미래에는 자동차 자체에 대한 판매만큼이나 네비게이션 정보제공과 같은 정보재의 판매가 큰 시장을 형성할 것 으로 전망되고 있다.

(2) 정보재의 특성

상품의 다른 구성요소와 차별화되는 정보재의 가장 특징은 생산 비용의 구성에 있다. 소프트웨어 등 디지털 컨텐츠의 특성에 비추 어 볼 때 사실상 정보재의 생산비용은 다른 상품의 경우와는 달리 고정비용이 대부분을 차지하여 사실상 한계비용이 0에 가깝다는 것 이다. 이러한 특성은 아래 그림에서도 확인할 수 있다. 이러한 속성 으로 인해 정보재는 기회와 위협을 동시에 갖는다. 만약 마이크로 소프트의 운영체제와 같이 독자적인 시장을 구성할 수 있을 경우에 는 마진율 93%의 경이적인 수익구조를 이끌어 낼 수 있지만, 독자 적인 시장을 구축하는 데 실패한 경우에는 사실상 시장가격은 0이 될 수 있기 때문이다. 따라서 사용시장의 확산을 이끌어 내고 그 시장의 독자성을 유지하는 것이 정보재 관리에 있어 가장 중요한 관건이 된다고 할 수 있을 것이다.

속성에 있어서도 물리적 제품과 달리 무형성을 갖는다는 측면에 서는 서비스와 공통된 성질을 갖고 있으나, 서비스와는 달리 정보

재의 경우에는 재고가능성(보존할 수 있음)이 있을 뿐 아니라 더
나아가 축적될수록 정보재의 가치는 더 커지게 된다. 이러한 정보
재의 속성에 대한 이해 위에서 정보재의 유통전략에 대한 고려가
이루어져야 할 것이다.

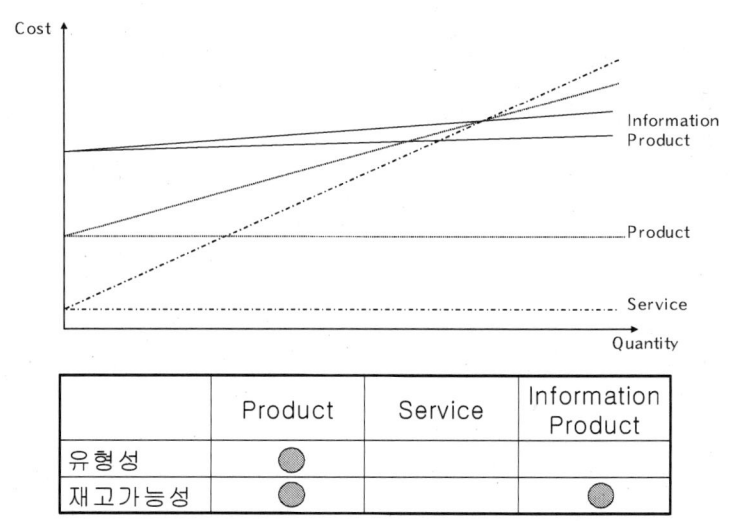

[그림 5] 물리적 제품, 서비스, 정보재의 특성

(3) Versioning 전략

Hal Varian(2000)에 따르면 정보재의 가치를 극대화할 수 있는
방안은 버저닝 전략에 있다고 할 수 있다. 버저닝 전략은 정보재의
독자성을 지속적으로 유지하여 유료화 버전을 차별적인 효용을 가
진 소비자에게 제공하고자 하는 전략이다. 이러한 버저닝의 기준으
로는 조작가능성, 제공시간, 참여의 정도, 제공정보의 포괄성, 처리

속도 등을 들 수 있다.

[예시 4] 시간에 의한 Versioning 전략의 예

버저닝을 사용할 경우에는 세분시장 가격설정(Segmented Pricing)의 성립가능성과 같은 기준에 대한 고려가 필요하다. 특히 유료화 이전에 세분시장을 소비자에게 납득시키지 못한 경우에는 시장의 성립이 어렵기 때문이다. 예를 들어 이전에 무료로 커뮤니티 개설을 제공하던 프리챌이 시도하였던 커뮤니티 개설자에게 과금을 부여하는 참여 정도에 따른 버저닝 전략의 경우, 버저닝 변수의 활용은 적절할 수 있으나 시장의 차별화에 대해 소비자가 납득하지 못해 소비자의 저항에 부딪히고 말았다. 위 그림은 시간의 최신성 (recency)을 활용하여 무료 버전과 유료 버전을 차별화하여 제공하는 게임 동영상 사이트의 예이다.

(4) 상품의 복합화와 유통구조의 복합화

상품의 구성은 정보재 산업의 발전에 따라 물리적 제품－서비스
의 구성에서 물리적 제품－서비스－정보재의 구성으로 더욱 복합화
되고 복잡화되는 양상을 보이고 있다. 이에 따라 유통구조 역시 상
품의 각 구성요소의 복합화에 의해 제공되어지는 양상을 보인다.
예를 들어 아래 그림은 커뮤니티와 뉴스 정보의 제공과 소매유통이
결합되는 양상을 보여주고 있다.

[예시 5] 정보와 소매유통의 결합

5) 인터넷 경로갈등의 차원

(1) 수직적 경로갈등: 탈중간상화 위협에 대한 기존 유통의 저항

많은 소매업자들은 전자상거래의 등장으로 소비자들의 탐색비용이 낮아짐에 따라 집중된 가격경쟁으로 인해 이윤이 심각하게 침해받을 것이라는 위험에 직면하고 있다.(김재윤, 2000) 따라서 인터넷 소매점포에 입점함에 있어 몇몇 기업들은 인터넷 소매의 장점인 정보적 매개(점포 간 비교)로부터의 보호조항을 요구하게 된다(Alba et. al, 1997). 또한 인터넷 소매기관의 경우 거래신뢰구축을 공급자 확보에 있어 중요한 요소로 간주하기도 한다.

이러한 위협요인에 기업들이 기존의 업태(business format)나 기술에 대해 급격한 변화에 대한 방어적 반응을 보일 것이라고 가정하는 것이 합리적일 것이다(Leonard-Barton, 1995). 그러나 인터넷 전자상거래의 활성화와 같은 급진적 변화에 있어서 장기적으로는 이러한 방어적 접근은 실패할 것으로 예측되고 있다(Alba et. al, 1997). 왜냐하면 전자적 상거래 경로와 이들에 의해 생겨나는 소비자에 대한 소구는 개별 기업의 통제의 범위를 넘어서는 것이기 때문이다. 이러한 과정에서 기존 물리적 유통경로 참가자는 필연적으로 경로배제위협(Disintermediation Threat)에 노출되게 된다.

그럼에도 불구하고 모든 중간상이 경로배제위협에 의해 도태되고 모든 상거래가 인터넷을 통한 직접 판매로 이행될 것이라고 생각하는 것은 오히려 비현실적인 것이다. 인터넷의 경우에 정보적 매개에 있어 강점이 있음에도 불구하고, 현재의 소매기관이 제공하는 경험적 속성의 제공에는 한계가 있기 때문이다(Alba et. al, 1997).

64

[표 6] 재중간상화에 대한 연구동향

연구자	연구내용
Eastwood and Morgan(1991)	파이낸스 서비스에서의 재중간상화 과정은 새로운 중개 중간상 형태(브로커)에서 전통적 예치 중간상 형태(은행)로의 회귀로 정의된다.
Gellman(1996)	경로에서 배제된 기업은 최소한 부분적으로 잃어버린 시장을 다시 회복할 수 있다
Negroponte(1997)	개인화된 서비스를 제공함으로써 전통적 중간상은 경로배제를 예방할 수 있다
Chircu and Kaufman(1999)	인터넷 중간상은 선발우위를 지속할 수 없다. 기존의 중간상들이 자체적인 전자상거래시스템을 구축하고 재구조화될 것이다.
King(1999)	재중간상화는 전통적 공급사슬이 재조직화됨에 따라 발생하게 된다. 전자적 시장에서 정보중간상(information broker)은 공급자와 구매자간의 제품정보교환을 지원함으로써 재구조화된다
Smith, Bailey and Brynjolfsson(2000)	전자적 시장 중간상은 신뢰와 탐색제공과 같은 가치창출에 있어 새로운 영업방법을 찾게 된다.

자료원: Chircu and Kauffman, 2000

제품의 속성에 있어서는 차별화 가능성, 개별화 가능성(Customizability; Winding and Talazyk, 1993), 지시가능성(Addressability; Blattberg and Deighton, 1991)과 같은 특성들이 전자상거래와의 연관성 속에서 검토되고 있다(Klein, 1997). 특히 Klein(1997)에서는 경험재(Experience Goods)보다는 탐색재(Search Goods)가 전자상거래에 적합할 것으로 제안되고 있다. 이러한 측면에서 볼 때 Sakar, Butler, and Steinfield(1995)의 선구적 연구에서 제안

된 것처럼 인터넷 환경이 제시하는 거래비용조건에 따라 모든 중간상이 경로에서 배제되는 것은 아니고 경로에서의 능력에 따라 사이버 중간상화(Cybermediation), 재중간상화(Reintermediation) 된다고 할 수 있을 것이다.

(2) 원가투명성 문제

원가투명성(Cost Transparency)의 문제는 유통업체 상표(PB; Private Brand)의 출현과 함께 제기되었던 문제이다. 유통업체가 강력한 구매력을 근거로 하여 자체 상표를 개발하고, 제조원으로부터 수량 할인을 받은 상품에 대해 자체 상표를 부착하는 방식으로 진행된 유통업체 상표는 제조업체에게 위협요인으로 작용하게 될 수 있다. 왜냐하면 구매하는 최종 소비자의 입장에서 유통업체 상표가 저가인 이유는 제조원이 발매하는 전국 상표(National Brand)에 지출되어야 하는 광고 및 유통비용이 빠지기 때문이라고 원인을 추론하게 되기 때문이다. 이에 따라서 제조업체는 점차 소수의 유통업체에 종속되는 상황이 발생되게 된다.

인터넷 유통환경에서도 이와 유사한 상황이 벌어지게 된다. 인터넷 원가투명성의 상황에서는 인터넷 가격검색사이트를 통한 최저가 판매사이트 또는 제조업체 판매사이트의 가격이 낮아질 수 있는 원인은 결국 광고 및 유통비용의 배제에 있다고 판단하게 된다는 것이다. 이에 따라 전반적인 판매가격이 하락하게 되고, 유통망이 위축될 수 있는 위험요소를 갖게 된다. 따라서 가격정보를 유통시키는 가격검색엔진 등 유통정보사이트와의 잠재적 경로갈등의 여지가 발생하게 된다.

(3) 틈새시장에서 대중시장으로의 이동문제

한국의 경우, 2000년을 기점으로 하여 인터넷 소매는 틈새시장의 범주에서 벗어나기 시작한다. 특히 이러한 현상이 벌어지게 된 것은 ADSL을 중심으로 하여 인터넷 초고속 통신망의 확산과 함께 인터넷 소매의 비중이 가시화되기 시작했기 때문이었다. 인터넷 최종사용자 시장이 더 이상 무시할 수 있는 틈새의 범주를 넘어서는 내부에서 세분화가 가능한 대중시장의 특성을 지니게 되었기 때문이었다.

이러한 문제는 인터넷 유통경로에 대해 내외부적인 도전과제를 제기하게 된다.

내부적으로는 틈새시장의 개척을 위해 활용되어 온 저가 위주 경쟁전략을 유지하기 위한 적자경영이 문제가 된다. 매출의 증가에 따라 적자폭이 점차 확대될 수 있기 때문이다. 초기 운영의 효율성이 확보되지 못한 상태에서 이루어진 매출의 증가는 영업비용의 증가를 초래하게 되고 이는 시장범위의 확대를 감당하지 못하는 기업들을 증가시키게 된다. 많은 초기 인터넷 비즈니스 기업들은 이 과정에서 발생하는 비용을 감당하지 못하고 현금이 고갈되는 현상을 맞아 왔다.

외부적으로는 오프라인 유통에서 기존에 활동하고 있던 유통기관들이 경쟁자로서 인터넷 유통기관을 인식하기 시작한다. 대부분 이러한 경우에 유통갈등은 직접적으로 동일한 단계, 즉 소매기관과 소매기관 간의 경쟁으로 나타나기보다는 수직적 유통경로상에서 나타나는 경향이 있다. 기존의 오프라인 유통기관들은 유통경로상의 우월한 지위를 활용하여 도매상이나 제조업체와의 연합을 통한 유통갈등을 보이는 양상을 보이게 되는 것이다. 예를 들어 2000년 해

3. 유통경로의 변화에 대한 쟁점 | 67

리 포터 시리즈의 출간에 즈음하여 인터넷 서점 연합과 종서회, 출
판사 간에 벌어진 경로갈등의 양상이 관찰된 바 있다.

(4) 수평적 경로갈등: 경로유형간 경쟁

대중시장에 진출한 이후에는 기존의 유통기관과의 경로갈등(수평
적 경로갈등)이 전면화되게 된다. 이러한 경로 간 경쟁의 양상은 이
미 할인점과 백화점, 할인점과 카테고리 킬러들 사이에서 관찰되고
있는데 다른 한편으로는 이러한 경쟁의 양상을 경로유형간 경쟁
(Intertype Channel Competition)이라고 할 수 있을 것이다.

온라인 시장과 오프라인 시장에서 각각 활동하는 유통기관 간의
경쟁양상의 경우에는 기존의 오프라인 시장 내에서의 경로유형간 경
쟁과 다른 양상이 발생하게 된다. 기존의 오프라인 시장 내에서의 경
로유형간 경쟁의 경우에는 각각의 경로 형태(Channel Type)가 혼합
되는 경우가 비교적 드물지만 온라인 유통업체와 오프라인 유통업체
의 경로결합은 매우 빈번하게 일어나고 있다. 예를 들어 교보문고와
인터넷 교보문고, 롯데백화점과 롯데닷컴, 현대백화점과 e현대 등의
경우를 보면 같은 업종, 같은 업태에서 온라인 시장과 오프라인 시장
에 동시에 유통경로를 구성하는 것을 볼 수 있다. 혼성경로(Hybrid
Channel) 구성이라고 할 수 있는 이러한 형태는 이전의 유통환경과
는 다른 다양한 문제점이 존재한다.

인터넷의 상업적 활용이 가시화되기 시작한 이래 인터넷을 통해
제조업체의 직접 판매에 대해 유통갈등을 불러일으킬 것이라는 경
고가 있어왔다(Frank, 1997). 그 당시 이에 대한 실무계의 접근은
마치 벤딩머신의 도입이 초기에 광범위한 유통갈등을 불러일으켰지

만 재구조화가 되었듯이 결국은 유통경로에 의해 받아들여질 것이라는 것이었다(Bucklin, Thomas-Graham and Webster, 1997).

그러나 최근의 경로배제위협 논의에 대한 실무계의 입장은 훨씬 더 조심스러운 것이 되었다. 경로배제위협 결정을 위해서는 최악의 경우에는 대폭적인 수익의 감소를 각오하여야 한다는 것이다.(Tempkin, Bluestein, Lanpher, and Sharrard, 1998)

이에 대해 학계에서는 온라인 쇼핑이 카탈로그뿐 아니라 기존 소매기관과도 경쟁관계에 놓이게 된다는 점을 지적하고 있고(Ward, 1999) 더 나아가 인터넷을 통한 제조업체의 정보게시만으로도 유통갈등을 불러일으킬 수 있다는 점(Shaffer and Zettelmeyer, 1999)이 지적되기도 하였다.

기존의 제조업체가 이러한 유통갈등을 회피하기 위해 사용했던 방법은 다음과 같다.(Moon, 1999)

- 기존 경로에 대한 지원을 더욱 강화(Pioneer)
- 인터넷에서의 활동을 고객지원으로 한정(Estee Lauder)
- 기존 유통파트너와의 지속적 관계를 무시하고 강행(Compaq)
- 기존 경로를 청산하고 인터넷상의 경로로 이전(Egghead)

위와 같은 시도들은 기존의 경로와의 적절한 구조적 조정 없이는 기존 유통경로 참가자 주도의 혼성경로 구성이 불가능함을 보여주고 있다. 이러한 점에서 정보중간상은 직접경로를 취하고자 하는 제조업체/공급업체에 대한 틈새시장(niche market)을 사업영역으로 하여 경로재구조화에 적응하고자 하는 기존 경로참가자와의 제휴관계를 형성할 수 있을 것이다.

(5) 경로갈등의 복합화, 전면화

디지털 환경의 대두와 함께 유통과정에 참여하는 참가자의 복합화가 이루어지게 된다. 예를 들어 디지털 환경에 따른 상품환경의 변화에 따라 이전에는 존재하지 않았던 형태의 유통구조가 발생하게 된다. 아래 그림의 예는 무선인터넷 컨텐트를 컨텐트제공자(제조업체)로부터 공급받아 포털사이트(소매상)에 제공하는 일종의 도매상인 컨텐트 신디케이션의 한 예이다.

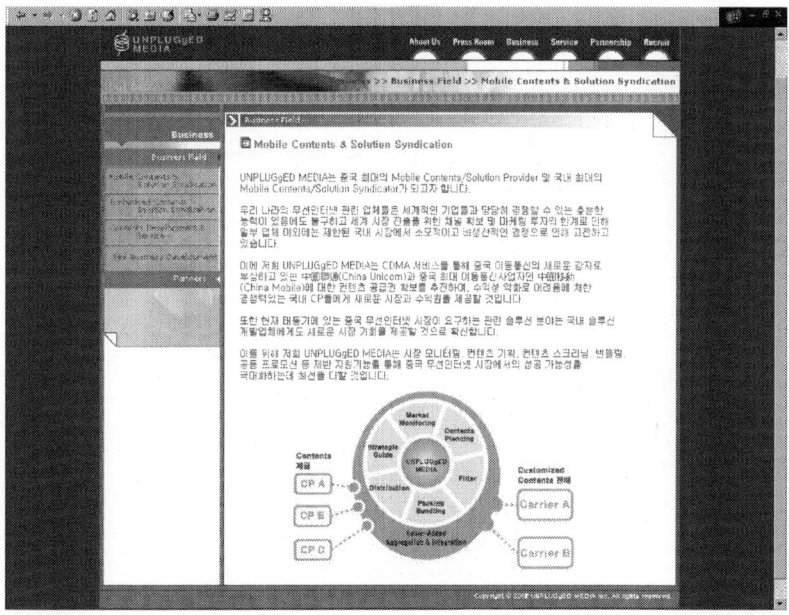

[그림 6] 무선 인터넷 유통(신디케이트) 서비스

정보재인 컨텐트의 구색과 종류가 다양해짐에 따라 이러한 형태의 수집과 배급기능을 갖춘 새로운 경로참가자가 발생하게 되는 것이다. 이러한 새로운 경로참가자의 예로는 오프라인의 엔터테인먼트 몰에 해당되는 포털사이트의 쇼핑몰, 인터넷상의 지불대행을 진행하는 페이게이트 및 소액결제시스템(Micropayment System), 가격검색엔진과 소비자 평가사이트 등을 들 수 있을 것이다. 또한 기존의 유통기능을 담당하던 택배 및 배송업체도 무점포 유통업체의 증가에 따라 새로운 인터넷 배송수요에 맞추어 시스템을 적용하여 참여하게 된다.

  이렇게 새로운 유통경로 참가자가 증가하고 경로상의 권력이 증가함에 따라 유통갈등 역시 복합화되는 양상을 띠게 된다. 예를 들어 아래 그림은 신용카드 결제의 증가에 따라 나타나게 된 신용카드사와 백화점 간의 유통갈등의 사례이다.

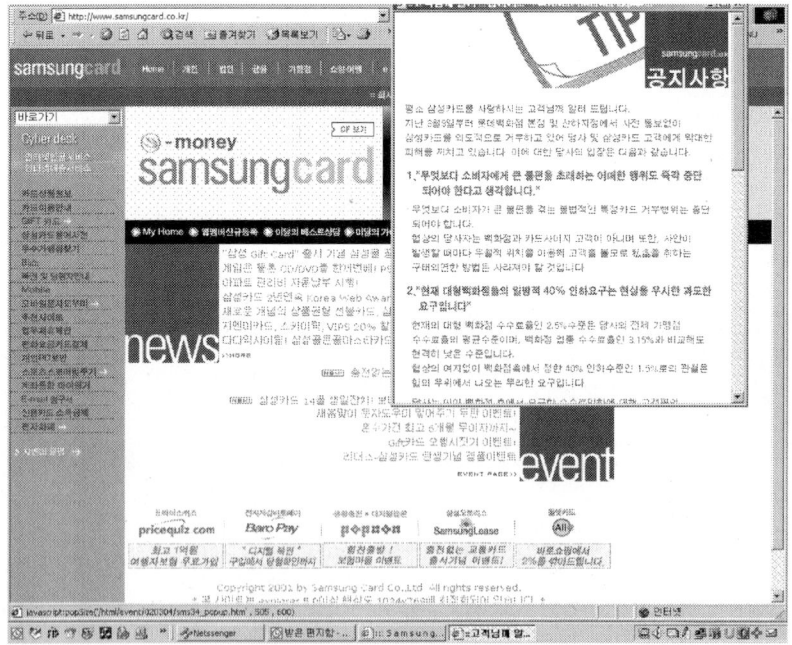

[예시 6] 지불과정에서의 경로갈등 사례

6) 새로운 중간상의 출현과 역할

(1) 중간상 기능의 범위와 전문성 문제

Chircu and Kauffman(1999)의 연구에서는 경로구조의 재조정과정에 대한 전통적 경로 참가자(전통적 중간상)의 전자상거래 가능 중간상(EC-able intermediary)로의 전환과정을 설명되고 있다. 이때 주의해서 보아야 할 것은 재중간상화에 의한 전통적 중간상의 기능조정에 의해 시장점유율을 재장악하는 과정이 소매시장에서의 시장점유율이 아니라 유통경로에서의 가치사슬활동에 대한 시장점유율로 정의되어 있는 점이다. 대부분의 기존 유통경로 참가자가 인터넷 유통으로의 진출과정에서 유통갈등을 겪게 된다는 점을 고려한다면 재중간상화 과정은 직접 인터넷 경로 참여보다는 유통경로상의 기능재조정을 통한 참여의 방향이 진행될 것으로 보인다.

[표 7] 중간상화, 탈중간상화, 재중간상화에 따른 가치사슬활동의 변화

전략적 단계	전통적 경로	중간상화 경로
단계 설명	전자적 거래는 수행되지 않음	전자상거래 전문 참가자가 시장에 진입
차별적 가치사슬 활동에 대한 거래량의 점유율		
전략적 단계	탈중간상화 경로	재중간상화 경로
단계 설명	전자상거래 전문 중간상이 전통적 중간상의 시장점유율을 장악	전통적 중간상이 전자상거래 가능 중간상으로 전환, 잃었던 시장점유율 재장악
차별적 가치사슬 활동에 대한 거래량의 점유율		

자료원: Chircu and Kauffman(2000)

그렇다면 이러한 경로구조의 변화과정 속에서 전통적 경로참가자의 재중간상화를 촉진하는 요인은 어떤 것을 들 수 있을 것인가 하는 의문이 제기될 수 있다. Chircu and Kauffman(1999)의 연구에서는 경영전략적 접근과 경영정보시스템론적 접근에 근거하여 촉진요인을 나누었다. 첫째, 전자상거래 시스템을 채택 한 유통기업의 구조적 특성으로서 자산특성성의 증가와 둘째, 복제용이성과 개방성과 같은 전자상거래 시스템의 경영자원으로서의 특성과 규모의 경제에 따라 재중간상화가 증가될 것으로 파악하고 있다.

즉 전자상거래시스템 자체만으로는 경영전략상의 복제불가능하고, 전유적인 핵심역량을 구성하기 어렵기 때문에 온라인에서만 활동하는 기업의 도전에 대해 오프라인에서 이미 구축한 거래관계에 의한 전문성과 시장자산을 활용하여 규모와 범위의 경제를 누리고 있는 전통적 경로참가자의 재등장이 필연적이라고 보고 있는 것이다.

[표 8] 재중간상화를 진행시키는 요인

구성 요인	하위 항목
전자상거래시스템 특성	- 복제 용이성 - 약한 전유성(Weak Appropriability; Teece, 1987) = 사용자에 대한 전환비용이 없음
공동특화된 자산의 보유 (Ownership of Co-specialized Asset)	- 거래상의 전문성 - 고객기반 - 공급자와의 관계
규모의 경제	- 사용자 기반의 확대에 따른 거래비용 감소 - 사실상의 기술적 표준(네트워크 효과)

자료원: Chircu and Kauffman(2000), 정리 및 보완

Chircu and Kaufman(1999)에서는 이러한 과정이 중간상의 등장(Intermediation)→경로배제(Disintermediation)→재중간상화(Reintermediation)의 형태로 주기적으로 진행되어진다는 가설을 제안하였다. 또한 여기에 기존 유통경로 참가자의 구조변화 전략을 소매의 경우 다수의 소비자에게 대한 접근력에 있어서의 파트너 찾기(patnering for access)를 통해 활용할 것을 제안하고 있다.

(2) 새로운 중간상 역할의 필요성

인터넷상의 새로운 중간상의 존립근거에 대해서는 여러 가지 이론적 관점에서 고찰이 가능하다. 여기서는 일반적인 유통경로 설계상의 관점에서 거래수 최소화의 법칙과 거래비용관점, 그리고 인터넷이라는 새로운 상황과 관련하여 가상경로의 구조변화 관점과 사회적 네트워크의 관점에서 논의하고자 한다.

① 거래수 최소화의 법칙

전통적으로 유통기관에서 중간상의 존재이유를 설명하는 이론은 거래수 최소화의 법칙이다.(Stern, and El-Ansary, 1992) 이 이론에 따르면 m명의 공급자와 n명의 소비자가 있는 상황에서 중간상이 없는 상황에서 가능한 탐색회수는 mn회이나, 중간상이 1명 개제됨으로써 m+n회로 m이나 n이 3 이상일 경우, 즉 시장의 공급자와 소비자가 늘어날수록 거래비용이 더 큰 감소를 보이게 된다고 제시하고 있다. 그러나 이러한 중간상의 존립근거에 대한 이론이 인터넷을 통한 상거래가 보편화되면서 정보의 한계비용이 낮아지게 되어 큰 차이가 아닌 것이 되어 결국 공급업자와 소비자의 직접 교환시장이 형성되게 될 것이라는 제기가 있어 왔다.

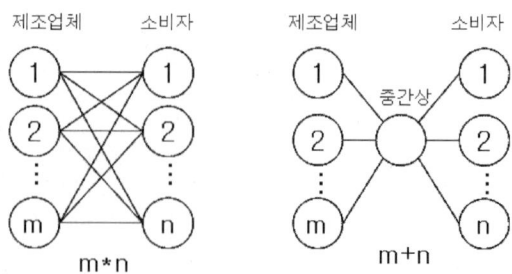

그러나 정보의 한계비용이 낮아지게 된다고 하더라도 직접참여가 늘어나 탐색대상공간이 확대되고 탐색회수는 $(m+\triangle m)\text{-}mn)(n+\triangle n)$회가 되어 전체 탐색회수가 승수의 단위로 늘어나게 된다. 즉 단위 탐색당 비용이 상당한 수준으로 줄어들어도 사회 전체적인 거래비용은 여전히 무시할 수 없다는 점과 탐색대상의 증대에 따른 이용자들의 혼란과 시간비용까지 고려한다면 중개인의 필요성이 여전히 존재한다는 것이다.(박치관, 1999)

물론 탐색엔진(search engine)의 존재를 고려할 때, 검색어를 통한 검색을 통해 이러한 탐색을 상당한 정도로 줄일 수 있다는 반론이 있을 수 있다. 그러나 실제로 검색엔진을 통한 검색결과는 아직까지는 가격 정보 외의 판매조건, 배송비등 다양한 정보의 유형에 따른 검색결과를 보여주지 못하고 있고,[4] 이에 따라서 사용자는 거의 포괄적인 탐색이 불가능할 정도로 많은 탐색결과를 일일이 대조해 보아야 한다는 문제에 봉착하게 된다. 또한 탐색비용의 감소 역시 서버의 처리능력의 한계, 인터넷 자체의 속도의 한계, 현재 기반설비의 미비 등의 이유로 인해 예상한 만큼 급속하게 진행되지 못하고 있다는 사실도 문제점으로 지적될 수 있을 것이다. 이러한 문제점으로 인해 소비자의 탐색결과에 대한 측정을 주의 대비 수익(Return On Attention)으로 하여야 한다는 주장도 제기되고 있다.(Hagel III and Singer, 1999)

---

4) 이러한 문제를 해결하기 위한 노력이 XML의 표준제정 및 응용을 통해 전개되고 있다. 그러나 업계의 이해관계의 상충 때문에 WWW 서비스 전반에 일반적인 XML 적용까지는 상당한 시일이 소요될 것으로 예상되고 있다. 반면 MySimon과 같은 형태의 가격검색엔진은 한정된 범위(판매가격비교정보)라는 측면에서는 정보검색의 양을 줄여주고 있다.

② 거래비용관점

거래비용의 관점에서 전자적 거래와 시장구조에 미치는 영향에 대한 연구는 비교적 초기에 주장된 전자적 위계와 전자적 시장에 대한 검토에서 처음 나타나고 있다. 이 검토에 따르면 전자적 상호 연결(electronic interconnection)의 경우에 생산비용은 적고 통제비용은 큰 성격을 가진 '시장'에서 기회주의의 감소 등 통제비용을 낮추는 방향으로 작용하여(Malone, Yates and Benjamin, 1987) "전자적 위계에서 전자적 시장으로의 이전 가설"을 제시하였다.

구매경로의 설계관점에서 이러한 문제는 중간상 기능에 대한 "Make or Buy"로 적용될 수 있다. 즉, 기업이 경로활동(또는 하위활동)을 조직의 경계 내에 내부화(＝직접마케팅경로의 활용)할 것인가 그렇지 않다면 시장에 의존(＝간접마케팅경로의 활용)할 것인가에 대한 문제이다. 이러한 관점에 따르면 네트워크에 연결된 전자적 거래에서 중간상을 활용하는 방향으로 전개될 것이라는 점을 시사하고 있는 것이다.

이러한 측면을 제품시장의 특성 관점에서 살펴보면, 다음과 같은 중간상의 성립조건이 존재함을 알 수 있다.(Gomez, Weisman, Trevino, and Wooley, 1996)

이러한 제품군에 대해 경로를 위계화하기 위해 - 직접판매를 진행하기 위해 - 많은 투자를 통해 제품 특정적 투자(product-specific investment)를 한다는 것은 경제적 합리성이 낮은 일이 된다고 할 수 있을 것이다. 결국 거래비용관점에서 살펴볼 때 정보적 매개(information intermediation)를 업으로 하는 정보중간상[5]의 존립근

---

5) Forrester Research에서는 이러한 정보중간상을 Content-focused Match-

거가 있다고 할 수 있다.

[표 9] 인터넷 중간상의 존립조건

	구매 딜레마	중간상의 역할
복잡한 제품	제품옵션 간의 차이를 평가하는 것이 어려움(PC 등)	고객이 제품에 대한 기대를 정의하고 제품에 대한 학습을 할 수 있도록 조언
압도적인 수의 공급업자 존재	광범위한 공급업자 중의 선택이 어려움(가전제품 구매 등)	공급업자에 따른 서비스의 차이 규정 제품의 구입가능 장소를 분명히 알려줌
저빈도 구매	단 한번만 사용하게 되는 집중적인 정보가 필요함(자동차, 집 구매 등)	제품 사양설명서, 소비자 조사, 가격비교에 대해 쉽게 접근할 수 있도록 해 줌

Source: Forrester Research, 1996

③ 가상경로의 구조변화 관점

1998년 Forrester Research에서 다양한 산업의 50개 기업의 업계 종사자에 대해 경로배제위협(Disintermediation) 현상에 대한 인터뷰 과정에서 나온 응답결과를 볼 때, 전체의 74%가 경로갈등이 증가할 것으로 응답하고 있다는 것을 확인할 수 있다. 이러한 결과는 인터넷을 통한 직접마케팅 경로와 기존의 간접경로를 동시에 사용하고자 하는 혼성경로전략(Hybrid Strategy)을 채택할 가능성이 있는 기업에 대해 상당한 시사점을 주는 것이라고 할 수 있을 것이다. 왜냐하면 인터넷을 통해 즉각적이고 전면적인 경로 이전(물리적 경로

maker라고 지칭하고 있으나, 유통론적 관점에서 중간상이라는 개념이 더 분명한 의미가 있어 본 연구에서는 고려하지 않고 있다.

에서 가상경로로)이 일어날 것으로 기대되지 않는 한 하이브리드
전략 이후 매출 감소는 분명히 존재할 수밖에 없기 때문이다.

　따라서 이와 같은 경우에는 두 가지 대안을 생각해 볼 수 있다.
첫째는 기존의 간접경로들을 자사의 사이트에 포괄하는 대리점 호
스팅 방법이다. 이러한 유통전략으로 기존 기업은 우수한 기술력을
갖춘 가상 재판매업자에 대해 가상백오피스(virtual back office), 재
고유지, 출하장 등을 제공해 주고 이러한 시스템을 구축해 주는 연
결의 중심(foci of relationship)으로 연결혜택(relationship merit)을
누릴 수 있다. 포레스트 리서치에 따르면 특히 도매상이 새로운 중
간상을 만들어 넘으로써 자사의 사업을 확장하는 전략이 관찰되고
있다. 예를 들어 Ingram Micro와 같은 회사는 새로운 중간상을 위
한　사이트를　개설하고　웹호스팅을　하고　있다.(Tempkin,
Bluestein, Lanpher, and Sharrard, 1998)

인터넷이 향후 유통경로갈등에 미치는 영향은?

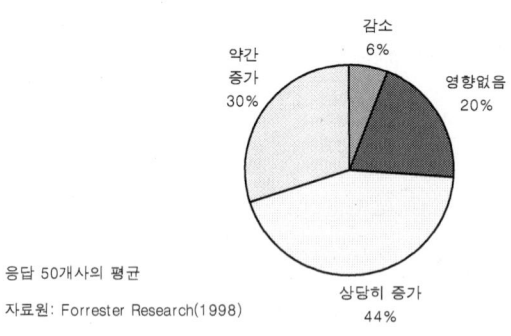

응답 50개사의 평균

자료원: Forrester Research(1998)

[그림 8] 인터넷의 유통경로갈등에 대한 영향 인식

두 번째 대안은 유통구조의 변화에 대해 구조적인 역할분담의 차이를 재인식하는 것이다. 기존유통의 역할분담이 제조업자-유통업자-판매업자-고객으로 이행되는 단순하고 직선적인 역할분담의 체계를 지녔다면, 새로운 역할분담에서는 각 사업자가 고객을 중심으로 하여 공통의 접점을 갖고 역할을 분담하는 방식으로 변화하게 된다는 것이다. (Tempkin, Bluestein, Lanpher, and Sharrard, 1998)

④ 사회적 네트워크 이론 관점

최근에는 전통적 경제학 이론의 한계를 넘어서 사회적 네트워크 관점에서 정보중간상의 존립근거를 설명하고자 하는 이론적 시도가 나타나고 있다.

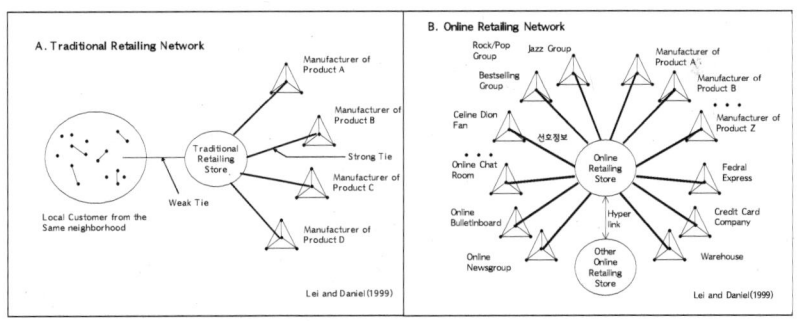

자료원: Lei and Daniel(1999)

[그림 9] 사회적 네트워크 이론 관점에서의 정보중간상

80

[표 10] 사회적 네트워크 관점에서의 정보중간상 존립근거

이 론	이론적 설명	실무적 함의
소비자 선택이론 (Consumer Choice Theory)	사이버 중간상은 신제품과 서비스를 제공하는 과정에서 소비자가 소요하여야 하는 시간을 감소시키고, 최종적 욕구를 창출할 수 있는 소비자의 능력을 증진	사이버 중간상은 - 물리적 재화를 판매하는 것을 넘어서서 소비자들이 최종가치를 창출하는 것을 도울 수 있는 서비스를 제공해야 한다. - 소비자가 창출하고자 하는 최종적인 욕망을 이해하고자 하고, 이에 맞추어 고객의 쇼핑 경험에 적응하여야 한다 - 고객이 제품을 실제로 소비한 다음에 그들의 만족수준에 관하여 피드백하도록 노력하여야 한다.
제도이론 (Institutional Theory)	사이버 중간상은 그들이 제도적으로 구조적인 형태이기 때문에 전자적 형태로 존속할 수 있다. 그들은 규제적, 규범적, 인지적 기대에 부응하여야 하고 이에 따라서 사회적으로 정당한 것으로 여겨지게 된다.	사이버 중간상은 권위와의 제휴를 통해 고객의 개인정보보호를 확신시키고, 전통적인 쇼핑 경험을 부호화하는 것을 연속시키는 웹 사이드를 구성함으로써 정당성을 구축할 수 있다.
사회적 교환이론 (Social Exchange Theory)	사이버 중간상은 경제적 가치 이상의 사회적 가치를 부가한다. 그들은 고객이 제품과 제품사용에 대한 정보유통에 기여하고 받을 수 있는 공동체를 형성한다.	사이버 중간상은 사소한 편의성과 혜택을 제공함으로써 고객들에게 신뢰를 구축하여 고객공동체를 온라인 공동체로 촉진하는 내재적 가치를 창출하여야 한다.
사회적 네트워크 이론 (Social Network Theory)	사이버 중간상은 복잡한 사회적 네트워크에서 전략적 위치를 장악함으로써 사회적 권력을 갖게 된다.	사이버 중간상은 지속적으로 경쟁자들에 앞서 네트워크에 있어 '구조적 맹점(structural hole)'을 차지할 방법을 모색하여야 한다. 이에 따라 고객에게 접근성, 타이밍과 구전 혜택을 줄 수 있는 새로운 방식을 찾아야 한다
지식 창출론 (Knowledge Creation)	사이버 중간상은 고객을 위한 지식을 창출한다.	사이버 중간상은 지속적으로 자신들의 고객, 제조업자와 공급자에 대해 학습하여 명시적 지식을 생산하고 고객만족과 제품품질을 개선하기 위해 네트워크에 명시적 지식을 이전하여야 한다.

자료원: Jin and Robey(1999)

Jin and Robey(1999)의 논문에서는 거래비용분석에 의한 접근법에 의해 인터넷 중간상의 존립근거에 대해 설명하고자 하는 것에 대해 비판하고 있다. 왜냐하면 인터넷 중간상의 존재이유가 거래비용과 생산비용을 상회하는 새로운 경제적 가치를 제공하기 때문이라는 것은 무엇인가 존재이유가 있어 인터넷 중간상이 존재한다는 식의 순환논리에 근거하고 있다는 것이다. 그렇다면 인터넷 중간상을 효율적으로 운영할 수 있는 방안에 대한 관리적 함의를 만들어낼 수 없을 것 이다. 따라서 사회적 네트워크 이론에 근거하여 정보중간상의 배태성에 대해 설명하고 있다.

유사한 관점에서 Schmitz(2000)에서도 Sarkar, Butler and Steinfield (1995)에서의 경로배제위협에 대한 분석을 거래비용만의 문제로 중간상 문제를 환원한 것에 대해 비판하고 이러한 분석의 가장 큰 오류는 중간상의 기능을 복수의 서비스가 아닌 단일한 한 가지 서비스로 국한하여 해석한 것이라고 주장하고 있다. 이에 따라 정보중간상의 기능에 대해 다음과 같은 영역에 대한 분석이 필요하다고 제안하고 있다.

1) 공급의 즉시성과 체계적인 평가위험에 대한 보장 서비스를 제공하기 위해 재고를 보유
2) 명성을 구축함으로써 공급자 - 수요자 간의 비대칭적 정보를 감소
3) 사회에 퍼져있는 정보를 수집, 조직화, 평가

(3) 정보중간상: 소비자 정보의 집적과 유통권력화

정보중간상은 공급자와 소비자 간의 네트워크를 공동체화함으로써 집적된 고객 프로파일의 가치를 극대화하여 고객의 트래픽을 증가시키고, 고객의 이해관계를 대변할 수 있게 된다. 따라서 기능의 수행과정에서 고려되어야 할 것은 정보중간상이 제시하는 고객의 사생활 보호라는 목표와 고객이 제공하는 자신에 관한 정보의 가치의 극대화라는 목표이다.

언뜻 모순되어 보일 수 있는 이러한 목표는 정보중간상이 폭증하는 인터넷상의 정보량을 고객이 처리하기에 적절한 양으로 가공할 수 있는 능력에 의해 중재되어 질 수 있다. 이러한 기능에는 정보여과, 거래대리인, 타겟 마케팅, 구매자 확인, 데이터 관리 및 분석기능, 가상공동체의 조직기능이 제시될 수 있을 것이다.(Hagel Ⅲ and Singer, 1999; Hagel and Armstrong, 1997)

① 정보여과 기능(Filtering Services)

정보여과기능은 소비자가 원하지 않는 메시지를 여과하는 기능이다.(Croson, 1995) 정보중간상은 상업적 전자우편을 사전에 점검하여 고객의 욕구나 선호에 맞지 않는 메시지를 여과할 수 있는 장치를 갖출 필요가 있다. 고객은 이러한 여과장치에 포함되거나 제거되어야 할 공급업자나 제품의 카테고리를 사전에 지정할 수 있다.

정보여과기능을 통해 정보중간상은 고객의 욕구와 선호를 사전에 파악할 수 있는 한편, 고객의 사생활 보호에 대한 불안감을 감소시켜줄 수 있게 된다.

② 거래대리인 기능(Agent Services)

고객은 정보화의 진전에 따라 더 많은 정보에 노출되게 된다. 더 많은 선택안은 그만큼 더 넓어진 고려집합을 의미하는 것이어서 소비자의 복지에 도움이 되는 측면이 있을 수 있지만, 동시에 적절한 제품과 가격을 찾는 데 더 많은 탐색비용과 상호작용비용(interaction cost)이 소요된다는 것을 의미하게 된다.

정보여과기능을 통해 사전에 고객의 욕구와 선호를 파악할 수 있는 능력을 갖춘게 된다. 고객의 욕구에 불필요한 선택안을 축소시킬 수 있도록 검색기능을 강화할 수 있어 고객의 탐색비용과 상호작용비용을 감소시켜 주면서 동시에 더 많은 선택안의 고려라는 혜택을 누릴 수 있도록 도와주게 된다.

더 나아가 정보중간상이 고객의 집적된 수요를 집약시켜줌으로써 집적된 구매력(aggregated buying power)에 근거한 더 큰 경로협상력을 행사할 수 있게 되어 개별적인 소비자가 접근할 수 있는 것보다 훨씬 더 좋은 조건에 구매할 수 있는 가능성이 열리게 된다. 공동구매가 줄 수 있는 수요집적의 혜택을 누릴 수 있는 것이다. 또한 이러한 수요집적에 의한 협상력은 상당한 정도로 세분화된 시장을 형성시켜주면서도 네트워크를 통한 결정적 다수를 초과하는 규모를 만들어 고객의 요구에 따라 변형되거나 개선된 제품의 맞춤서비스를 제공받을 수 있다.

정보중간상의 정보력은 또한 고객의 선호에 근거한 제품에 대한 정보를 집적하여 고객의 성공에 도움이 되는 사용방법의 개선이나 기대수준의 수정을 통해 사용방법에 대한 지도(coaching)를 보완할 수 있게 해준다. 더 나아가 사용자 그룹과 같은 형태로 구성된 사전적인 잠재적 구매자 집단의 선호형성과정에 개입함으로써 신제품 개발이나 신용도 개발과정에 필요한 정보를 공급업자에게 제공함으로써 제휴(partnering)에 의한 공급업자-고객의 성공이 역시장을 통해 이루어 질 수 있도록 중개할 수 있다.

③ 타겟 마케팅 기능(Targeted Marketing Services)

정보중간상은 타겟 고객의 DB(Data Base)를 구축함으로써 광고를 하고자하는 측에 고객의 광고노출의도를 판매할 수 있다. 광고효과의 측면에서 광고에 노출될 의도가 있는 개별적인 고객을 사전에 파악하여 이들에게 광고를 노출시키는 것이 가장 효과적일 것이라는 점이 자명할 것이다. 정보중간상에 의해 여과된 광고 메시지는 가장 적절한 청중을 갖는 직접적인 광고효과의 측정에 도움을 줄 수 있고, 이러한 광고에 대한 반응을 축적하여 다시 목표청중을 재구성하는 데 활용할 수 있을 것이다.

또한 정보중간상은 공통된 관심사를 갖는 가상공동체의 구성을 촉진하고, 이들을 대변함으로써 유사한 소비목표를 가진 공동체적 소비를 조성할 수 있다.

④ 구매자 확인 기능(Purchaser Identification Services)

정보중간상이 구매대행기능을 수행함으로써 고객은 공급업자가 필요로 하는 구매자 확인에 대해 익명적 존재로서 공급을 받을 수 있게 된다. 고객은 자신이 원하지 않는 경우에는 자신의 개인적인 정보나 전자우편주소를 노출하지 않고, 정보중간상을 통해 익명적인 존재로서 구매가 가능하게 된다. 이러한 기능은 공급업자의 고객

사생활보호에 대한 신뢰가 구축되지 않아 자신의 개인적 정보가 유출될지 모른다는 우려를 고객이 가지게 될 경우에 더욱 효과적으로 발휘될 수 있다.

⑤ 데이터 관리 및 분석 기능 (Data Management and Analytic Services)

정보중간상은 축적된 고객의 프로파일을 관리하고 이러한 프로파일을 보완할 수 있는 사용행동, 거래자료를 집적하게 된다. 따라서 고객의 사용행동에 맞추어 고객을 지도하고, 고객을 제휴할 수 있는 정보원을 효과적으로 분석하여 새로운 고객의 욕구를 개발하는 데 활용할 수 있다. 이때 고객은 자신의 주의할당을 최소화하면서도 필요정보의 획득을 최대화할 수 있는 주의할당에 대한 수익 (return on attention)을 극대화할 수 있게 된다.

⑥ 소비자로의 권력이동과 가상공동체의 조직기능

가상공동체 (virtual community)란 공통된 관심사와 욕구를 공유하고 있는 사람들의 집단이다.(Hagel Ⅲ and Armstrong, 1997) 이들이 가상적이라고 하는 이유는 공통된 관심사와 욕구를 중심으로 하여 형성되는 집단이므로 물리적 공간보다는 가상적 공간을 통해 연결되어 지는 공동체이기 때문이다. 또한 기존의 공동체가 학연, 지연과 같은 1차적 집단의 특성을 지니고 있었던 데 반해, 가상공동체는 '가치'를 중심으로 형성되는 2차적 집단의 특성을 지고 있다는 측면에서 차별적이다.

정보중간상의 입장에서는 기존에 형성된 뉴스그룹, 메일링 리스트, 가상공동체 홈페이지 등을 활용하여 가상공간에서의 입지를 형성할 수 있다. 더 나아가 정보중간상의 관리적 능력을 활용하여 스스로 관심영역에 대한 가상공동체(커뮤니티)를 형성하고, 이 공동체를 관리하는 것이 가능할 것이다.

가상공동체는 수익과 공급의 집적에 의해 동일한 유형의 가치를 전달하는 상품에 대한 시장을 확장하는 효과를 지니고 있다.(Hagel Ⅲ and Armstrong, 1997)

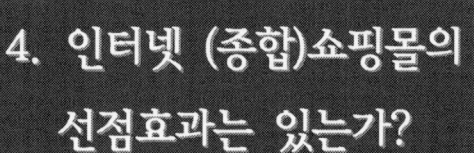

4. 인터넷 (종합)쇼핑몰의 선점효과는 있는가?

4. 인터넷 (종합)쇼핑몰의 선점효과는 있는가?

1) 분석의 배경과 목적

(1) 분석의 배경

1996년 인터넷을 통한 소매업이 개시된 이래 수많은 기업의 인터넷 판매업에 대한 진입과 퇴출이 이루어져 왔다. 이러한 과정에서 특이한 것은 각 업체가 진입 초기에 시장점유율을 늘리려고 매우 공격적인 마케팅 활동을 진행하게 된다는 것이다. 예를 들어 미국의 경우, 2000년 가장 광고단가가 높은 슈퍼볼 게임의 TV광고를 모두 인터넷 쇼핑몰 및 관련업체가 장악하였으며, 한국의 경우에도 2000년 많은 인터넷 쇼핑몰 업체가 TV광고를 활용하는 상황을 보였다. 2000년 인터넷 쇼핑몰 분야의 전체 매출액이 4600억 정도로 상대적으로 작아 시장 형성 초기에 있었다는 점을 상기해 볼 때 이러한 공격적인 마케팅 활동은 일반적인 경우는 아니라고 해야 할 것이다. 이러한 공격적인 마케팅 활동의 배후에는 '인터넷 산업에서는 초기의 시장점유율 확대가 시간이 지남에 따라 점차 더욱 커져 전반적인 시장을 장악하게 된다'는 소위 승자독식시장(Winner-

Takes-All Market)에 대한 업계 전반에 걸친 신념이 작용하고 있다. 이러한 승자독식시장을 형성하는 힘이 바로 시장에 대한 선점효과(Preemptive Effect)이다.

인터넷 산업, 특히 사실상의 표준(de facto Standard)이 힘을 발휘하는 장비 및 소프트웨어 분야에 있어 승자독식시장의 출현이 관찰되고 있음은 주지의 사실이다. 다른 한편으로 신산업에서 선점효과의 존재는 하이테크 산업의 본질적인 특징으로 지적되어 왔다. 그러나 인터넷 쇼핑몰로 대변되는 인터넷 소매기업의 경우에도 이러한 효과가 적용될 것인지에 대해서는 검증되지 않은 단순한 믿음에 불과하다. 개별적인 참조사이트의 존재가 시장진입에 대해 막대한 진입장벽으로 작용하는 장비 및 소프트웨어 분야와는 달리 인터넷 소매기업은 대중시장을 대상으로 하는 유통업으로서의 특성을 더욱 많이 갖고 있기 때문이다. 인터넷 소매기업에 대한 진입장벽은 일반 IT산업과 달리 '기술적인 측면'에서 매우 낮다고 할 수 있을 것이다. 그렇다면 인터넷 소매기업에 대한 대중적인 신념과 달리 이 분야는 선점효과가 크게 나타나지 않는 분야가 아닐 수 있다는 반론이 제기되어 질 수 있다.

MIT를 중심으로 하는 인터넷 시장과 비인터넷 시장(기존 시장)의 특성에 대한 연구들에서 사실상 '인터넷 프리미엄'은 있을 수 없다는 주장이 제기되기도 한다. 이들은 신고전경제학에서 주장되어진 비마찰적 시장(Frictionless Market)이 인터넷 시장 속에서 구현되기 때문에 모든 소매거래는 각 기업에 대해 프리미엄이 존재하지 않는 동일한 가격에서 결정될 것이라는 주장을 제기해 왔다. 이러한 주장은 시장에서의 프리미엄 가격결정이 소비자 탐색 이외의 다른 요인에 의해 결정될 수 있으므로 선점효과에 대한 직접적인 반

론이 되지 않을 수 있음에도 불구하고 선점효과의 존재에 대한 본
격적인 검토를 진행할 필요성을 제기하기에는 충분한 반론이 된다
고 할 수 있을 것이다.

　여기에서는 이러한 점에 착안하여 인터넷 쇼핑몰의 기존 실적을
검토하여 선점효과의 존재에 대해 확인하고자 한다. 선점효과의 존
재가 확인될 때에만 인터넷 기업 부실화의 주요 원인으로 주목받고
있는 진입 초기의 매우 공격적인 마케팅 활동에 대한 정당화가 이
루어 질 수 있기 때문이다. 만약 이러한 효과가 확인되지 않을 경
우에는 시장진입전략에 대한 재검토가 필요할 것이다.

(2) 분석의 목적과 한계점

　이번 탐색적 분석에서는 인터넷 소매시장의 전체 규모에 대해 인
터넷 쇼핑몰의 매출비중을 확인하여 매출비중이 큰 경우에 지속적
으로 상승하여 선점효과가 보이는지를 확인하고자 한다. 이러한 분
석에 대해 먼저 선점효과의 근거가 될 수 있는 점들에 대해 검토하
고, 현상에 대한 해석을 시도한다.

　선점효과에 대한 분석을 위해서는 연도별 인터넷 소매기업의 매출
자료가 존재하여야 한다. 현재 이러한 분석을 가능하게 할 수 있는
자료로는 통계청의 인터넷 쇼핑몰 조사사업(전수조사)과 산업자원부
의 인터넷 쇼핑몰 BSI 조사사업 등을 들 수 있다. 그러나 해당기관에
서는 조사결과의 안정화를 위해 원자료를 공개하고 있지 않기 때문
에 통계적인 분석을 위한 충분한 자료를 확보하기 어려운 실정이다.
여기에서는 탐색적인 분석을 위해 한국전자상거래 및 통신판매협회
(KEDMA)의 자료를 활용하였다. 전수조사가 진행되는 정부조사와

는 달리 이 경우에는 해당 협회의 회원사(임의가입)가 보고한 자료에 근거하기 때문에 전체 쇼핑몰에 대한 접근은 어렵고, 특히 상대적으로 규모가 작은 전문몰에 대한 검증은 어렵다. 따라서 여기에서 분석한 결과도 선점효과의 존재에 대한 확정적인 검증결과라기보다는 탐색적인 분석이라고 보는 것이 타당할 것이다. 그렇지만 상대적으로 종합몰의 매출액이 큰 실정에 비추어 볼 때 선점효과에 대한 탐색적인 분석의 목적은 달성할 수 있을 것으로 보인다.

2) 인터넷 쇼핑몰의 선점효과에 대한 이론적 근거

인터넷 쇼핑몰의 선점효과에 대해 언급되는 이론적 근거들로는 시장의 특성 차원에서 네트워크 외부성 효과, 소비자의 구매선택과정의 특성에서 불확실한 상황하에서의 구매자 선택 특성, 전환비용 효과, 그리고 인터넷 소매기업의 운영비용 특성 측면에서는 학습곡선 효과 등을 들 수 있다. 여기서는 이러한 논리들에 대해 간단히 점검해 보고자 한다.

(1) 네트워크 외부성 효과

네트워크 외부성 효과(Network Externality Effect)란 주로 통신산업에서의 관찰결과에 근거해 네트워크 형태로 형성되어지는 집단이 존재할 때 그 집단의 가치는 집단 구성원의 증가보다 빠른 속도로 증가하는 효과를 의미한다. 이러한 가치증가 속도는 맥캘프의 법칙으로 지칭된다. 이 법칙에 따라 초기에 많은 가입자를 확보한 통신기업은 훨씬 더 큰 가치를 가지게 된다는 것이다.

  정보경제학자들에 의해 이러한 효과의 존재와 기업경쟁력으로의
변화과정에서 대해 연구되어지는 과정에서 네트워크 외부성 효과는
다시 두 가지 효과로 나누어져 제시되고 있다. 첫째는 실제로 연결
되어 상호작용을 하는 네트워크에서 발생하는 물리적 네트워크 효
과(Physical Network Effect)이고, 두 번째는 현재 실제로 연결되어
상호작용을 하고 있지는 않지만 상호작용을 할 수 있는 잠재적 가
능성으로 인해 발생하는 가상 네트워크 효과(Virtual Network
Effect)이다. 예를 들어 메신저 서비스의 경우, 나와 의사소통을 하
고 있는 친구들이 많이 있음으로 인해 발생하는 효과는 물리적 네
트워크 효과이고, 그 메신저 서비스를 사용하고 있는 잠재적인 의
사소통의 대상인 가입자가 많이 있음으로 인해 생겨나는 가치의 증
가는 가상 네트워크 효과라고 할 수 있을 것이다.

  인터넷 쇼핑몰의 경우에는 다른 고객과 직접 상호작용을 할 가능
성이 크지 않으므로 물리적 네트워크 효과는 크게 존재하지 않는다
고 할 수 있다. 그러나 실제로 네트워크가 형성되지 않는 단순한
시장점유율의 경우에도 가상 네트워크 효과는 동일하게 발생된다는
연구보고가 있어왔다. 이에 따라 다른 많은 고객이 나와 같은 쇼핑
몰을 활용하고 있다는 것은 거래방법의 대중성, 문제상황 발생 시
의 대응력의 강화에 따른 구매위험의 감소와 같은 혜택을 발생시켜
쇼핑몰 이용에 따른 소비자 가치를 증가시키게 된다. 따라서 이 경
우에는 네트워크 외부성 효과가 존재한다고 볼 수 있을 것이다.

  (2) 최초상기효과(TOMA 효과)

  대부분의 인터넷 쇼핑몰이 설립된 지 1-2년에 불과하기 때문에

아직까지도 인터넷 소비자들은 인터넷 쇼핑몰에 대한 구매경험이 크지 않은 상태이다. 따라서 많은 연구에서 인터넷 소매시장의 활성화를 위해서는 먼저 고객과의 신뢰구축이 핵심적이라는 지적이 있어왔다.

이렇게 불확실한 상황에 처한 구매자는 자신이 회상할 수 있는 선택가능한 대안 중에 가장 상위에 있는 대안에서 선택하는 경향이 있는 것으로 알려져 있다. 따라서 인터넷 소매활동이 소비자에게 있어 불확실한 상황에서의 구매상황이라는 전제하에서 최초상기효과(TOMA 효과; Top-of-Mind-Awareness 효과)가 존재하게 될 것이다. 이러한 효과는 다른 한편으로는 소비자가 구매조건, 배송조건과 같은 중심단서보다는 광고인지도, 광고태도와 같은 주변단서에 의해 의사결정을 할 가능성이 크다는 측면에서도 설명될 수 있다. 따라서 보안위협, 쇼핑몰 사기 등의 환경이 존재하는 한 구매자 선택은 선점효과를 강화할 가능성이 있다.

(3) 전환비용 효과

전환비용 효과는 익숙한 사용환경을 변화시키는 데 대해 소비자가 지불해야 하는 인지적인 비용으로 인해 기존의 쇼핑몰을 계속 활용하게 되는 효과를 의미한다. 예를 들어 아마존 같은 경우 이러한 전환비용을 구축하기 위해 신용정보를 일괄적으로 관리하는 원클릭 서비스와 같은 것을 시도하였고, 대부분의 쇼핑몰이 무료로 구매희망리스트를 관리해 주는 장바구니 서비스를 제공하고 있다.

구매결과에 따른 사전적인 기대를 지속적으로 충족시킴으로써 거래에 대한 위험을 줄이는 것 역시 이러한 전환비용 효과의 측면에서 설명되어질 수 있다. 따라서 지속적인 사전 기대에 대한 관리는 선점 효과를 강화하는 데 있어 매우 중요한 요소라고 할 수 있을 것이다.

(4) 학습곡선 효과

학습곡선 효과는 운영기간이 길어질수록 운영시스템의 안정화와 관련 직원들의 업무 숙련도의 증가에 의해 전반적인 운영비용이 감소되는 효과를 의미한다. 인터넷 쇼핑몰에 있어 새로운 배송시스템의 정립, 고객주문의 처리과정 및 고객불평에 대한 처리, 구색관리 능력의 강화 등 학습곡선효과가 발휘될 수 있는 영역은 매우 크다고 할 수 있을 것이다. 학습곡선 효과의 결과, 인터넷 쇼핑몰은 운영비용이 절감되어 경쟁업체에 비해 큰 비용주도권(Cost Leadership)을 확보할 수 있게 된다. 비용주도권은 원하는 경우 언제든지 가격경쟁력으로 발휘될 수 있기 때문에 더욱 큰 시장에서의 경쟁력을 갖추게 되고, 경쟁업체에 대한 매출의 증가로 이어질 수 있다. 이에 따라 시장선점효과가 나타난다고 할 수 있을 것이다.

3) 인터넷 쇼핑몰의 선점효과에 대한 탐험적 분석

(1) 분석자료

이 연구에서 사용되어진 분석자료는 크게 두 가지 출처에서 구하였다. 첫 번째는 개별기업의 연간 매출자료로 이는 온라인 쇼핑협회에 보고된 자료(KOLSA, 통신판매시장에 대한 이해와 전망,

2005)의 실적추정으로 구성하였다. 또한 인터넷 소매산업 전체의 매출액은 통계청의 조사발표 자료를 전자상거래 및 통신판매협회가 집계하여 추산한 자료(2000년)와 통계청의 집계자료(2001년 이후) 근거로 하였다. 이러한 과정을 통해 당초 17개 기업의 연도별 매출자료를 구성하였으나, 결과제시의 간략화를 위해 2001년 매출비중이 5% 미만인 기업을 제외하고 8개 기업을 대상으로 분석을 진행하였다. 위 표는 해당 기업의 인터넷 쇼핑몰 부문만의 연간매출액 자료이다.

[표 11] 주요 인터넷 종합쇼핑몰의 연간 매출액

(단위: 억 원)

	2000	2001	2002	2003	2004	영업개시	기업의 형태
옥 션	245	1,260	4,439	7,099	11,724	1998	경매/Internet Only
롯데닷컴	322	1,232	3,382	2,768	3,478	2000	Internet+Offline
삼성몰	1,800	2,300	3,010	2,625	2,184	1998	Internet Only
GSeShop	132	1,009	2,841	4,150	4,151	2000	Internet+CATV
한솔CSN	100	900	1,668	1,910	318	1998	Internet Only
다음 d&shop		718	1,641	2,670	3,946	2000	Internet Only/Portal
인터파크	246	972	1,347	4,136	7,292	1996	Internet Only
CJMall		64	1,093	2,623	2,664	2001	Internet Only
전체시장	4,600	33,471	60,299	70,548	77,681	-	

※ 일부기업은 현재의 사이트 이전에 다른 명칭으로 영업개시를 하였으나, 이 표에서는 현재 명칭과 사이트를 사용하여 영업을 개시한 시기를 기점으로 하였음.

(2) 분석의 결과 및 해석

인터넷 쇼핑몰 산업에 있어 선점효과가 나타나기 위해서는 연도
별 전체시장에 대한 매출의 비중이 점차 큰 차이를 보이게 되어야
할 것이다. 즉 초기 시장에서 큰 점유율을 보인 기업과 작은 점유
율을 보인 기업은 연도가 지남에 따라 점차 더 큰 매출비중의 차이
를 보이는 현상을 보여야 할 것이다. 이러한 현상을 확인하기 위해
전체시장에 대해 각 기업의 매출비중을 구해 연도별로 도시하였다.
다음은 그 결과이다.

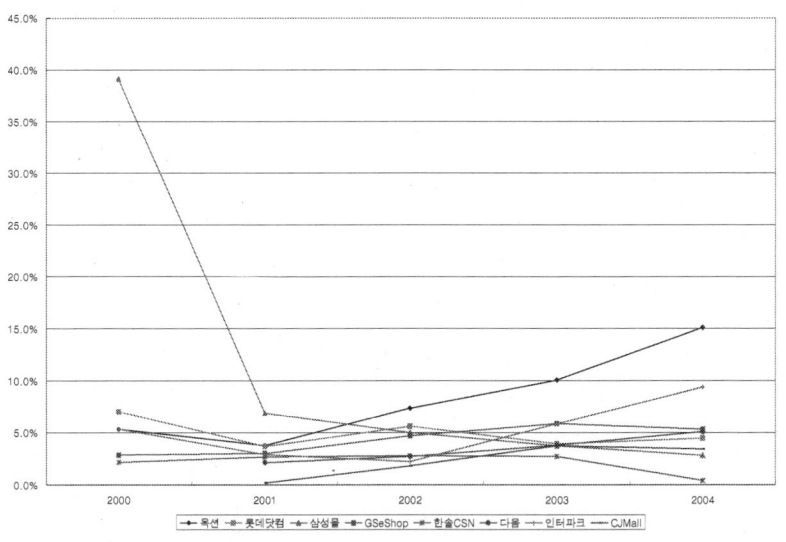

[그림 10] 주요 인터넷 쇼핑몰의 연도별 매출비중 추이

위 그림에서 보이는 바와 같이 현재 주요 인터넷 쇼핑몰의 매출
비중의 추이는 선점효과에서 예상하는 것과는 다른 결과를 보이고

있다. 만약 선점효과가 존재한다면 2000년 큰 시장점유율을 보이고 있던 삼성몰과 한솔 CSN이 전체 시장을 장악하여 더욱 시장점유율이 커지고, 다른 기업군은 매우 작은 시장점유율을 보이는 방향으로 전개되었어야 할 것이다.

이러한 결과에 대해 몇 가지 유추가 가능하다. 일단 현재 매출비중의 신장을 보이고 있는 기업들은 옥션을 제외하고는 기존 유통망이나 유선방송 홈쇼핑에서 출발한 기업이라는 특성을 보이고 있다. 따라서 인터넷 이외의 다른 기반의 유통 운영능력을 갖추고 있는 기업의 성장이 강하게 나타나고 있다는 것이다. 따라서 인터넷 쇼핑몰의 경우에는 전통적인 하이테크 산업에 대한 신념과는 달리 유통업체로서의 특성을 더 많이 보이는 양상을 보이는 것이다.

4) 인터넷 쇼핑몰의 선점효과를 저해하는 요인

인터넷 쇼핑몰의 선점효과가 나타나지 못하도록 저해하는 요인들에 대해서는 몇 가지 설명이 가능하다. 이러한 요인에 대해 시장의 특성 측면에서는 시장미성숙효과, 운영기업의 특성 측면에서는 후광효과와 판매촉진효과, 그리고 마지막으로 소매기업의 운영 측면에서는 시장후발효과를 들어 설명할 수 있다.

(1) 시장미성숙효과

시장미성숙효과란 급격하게 성장하고 있는 시장에서는 시장정보가 왜곡되어 나타날 수 있다는 측면을 말한다. 위의 협회자료에서 확인할 수 있듯이 인터넷 소매시장은 2000년에서 2001년에는 3배, 2001년에서 2002년에는 2.6배의 성장을 보이고 있는 고성장 시장이다. 따라서 초기의 작은 규모의 시장에서의 시장점유율이란 초기의 소규모 시장에서만 의미가 있을 뿐, 시장의 성장에 따라 새롭게 유입되는 고객의 경험에는 크게 영향을 미치지 못한다는 측면을 고려할 수 있다.

이러한 측면에서 생각할 때, 시장의 안정화 이후에는 선점효과가 나타날 수 있다는 점을 간과할 수 없다. 경영전략적인 측면에서 아직 시장이 안정화되어 있지 않다는 것은 기회의 창(Windows of Opportunity)이 닫히지 않았다는 의미이기도 하기 때문이다. 이러한 측면은 인터넷 문화의 확산과정에서도 확인할 수 있다. 현재 인터넷에서 통용되는 상업적인 활용에 대해 관용적인 문화는 1980년대 이전 연구 및 학생 사용자가 중심이던 시대의 인터넷 사용자 문화와는 전혀 다르다. 오히려 1990년대 초 이후 온라인 서비스를 통해 대규모로 유입된 대중사용자의 정서와 부합된다고 볼 수 있다. 따라서 인터넷 사용행태도 1990년대 초 급격한 변화과정을 겪게 되었다. 마찬가지로 인터넷 소매시장의 경우에도 새롭게 유입되는 인터넷 구매경험자의 비중이 줄어듦에 따라 새로운 특성을 보일 가능성이 있고, 신규진입하는 인터넷 소매기업은 이러한 측면을 적극적으로 활용할 필요가 있을 것이다.

(2) 후광효과

후광효과는 한 영역에서 형성된 소비자 인지 및 기대가 다른 영역에서의 사업에도 확장되어 적용되는 것을 의미한다. 이러한 후광효과의 존재로 인해 전통적으로는 상표확장전략(다른 제품군에 기존에 잘 구축된 상표를 활용하는 전략)이 정당화되어 왔다. 마찬가지로 유통기업으로서의 운영상의 특성을 고려할 때 인터넷 쇼핑몰에 있어서도 유통전문기업으로서의 이미지가 시장진입에 영향을 미치게 되고, 기존 구매고객층의 잠식을 가져오게 될 가능성이 존재한다고 할 수 있을 것이다. 이와 관련하여 2000년대 이후에는 소위 클릭 앤 모타르(Click and mortar Company)기업의 대두, 또는 전통적 산업의 기업이 인터넷 시장으로 경로를 확장하는 전략인 전통적 혼성전략(Conventional Hybrid Strategy)의 정당성에 대해 많은 주목이 이루어져 왔다.

대비하여 인터넷만으로 소매점을 운영하는 기업의 경우에는 유통능력에 대해 소비자의 신뢰를 구축할 수 있는 새로운 전략적 접근방법에 대한 모색이 필요하다고 할 수 있을 것이다.

(3) 판매촉진효과

치열한 시장경쟁상황에서 기존의 선점적 지위를 위협할 수 있을 정도의 판매촉진효과 역시 선점효과를 침식할 수 있다. 선점적 지위를 지닌 경쟁기업이 점유하고 있는 시장에 침투하기 위해 많은 인터넷 쇼핑몰이 치열한 판매촉진활동을 전개하고 있는 것도 선점효과가 나타나지 않는 것에 대한 설명으로 제시될 수 있다. 예를 들어 2002년의 경우 많은 인터넷 쇼핑몰이 자체 유명인 모델을 활용하기 시작하였고, 추석과 설과 같은 대목에는 배송보증제도, 할인쿠폰 등을 활용하여 판매촉진비용을 증가시키게 된다. 선점효과보다 판매촉진활동의 효과가 더 크게 나타날 수 있다면 판매촉진활동의 전략적인 활용에 대한 재검토가 이루어져야 할 것이다.

(4) 시장후발효과

선점효과를 가장 크게 저해하는 것은 시장후발효과라고 불리우는 시장에서의 모방가능성의 문제이다. 선발기업은 시장에서의 인식을 선점하고, 구매경험을 갖춘 고객층을 사전에 확보할 수 있다는 강점을 가지고 있는 반면, 시장에서의 운영경험을 새롭게 정립하기 위해 많은 비용을 감수하여야 한다. 만약 이렇게 구축된 핵심역량이 후발기업에 의해 쉽게 모방되거나 개선될 수 있는 것이라고 한다면 선점효과는 오히려 시장경쟁력을 저해하는 방향으로 나타날 수 있다.

인터넷 쇼핑몰의 경우, 핵심역량이 인터넷 쇼핑몰의 화면구성, 구매처리과정의 전산화, 고객관계관리 패키지에서 나온다고 한다면 이러한 영역은 쇼핑몰 구축 패키지, 소프트웨어의 범용화에 의해 쉽게 모방되거나 개선될 수 있는 여지가 크다고 할 수 있을 것이다. 오히려 유통업으로서의 특성에 대해 더욱 초점을 맞추어 상품소싱능력과 구색관리능력의 개발에서 핵심역량을 찾는 것도 시장후발주자에 대해 시장을 방어할 수 있는 좋은 출발점이 될 수 있을 것으로 보인다.

5) 분석결과에 대한 토의

이 연구의 결과는 탐험적 분석을 통해 일반적으로 받아들여지는 것과 달리 인터넷 쇼핑몰의 경우에는 시장선점효과에 대해 일반적인 하이테크산업과 다른 특성이 존재할 수 있음을 시사하고 있다. 이렇게 볼 때, 인터넷 쇼핑몰의 경쟁력을 장기적으로 유지가능한 것으로 가져가기 위해서는 초기의 무리한 시설투자나 마케팅 활동의 강화를 통한 소비자 인지도의 획득만큼이나 유통업체 본연의 경쟁력 강화를 위한 노력이 필요하다.

그러나 위와 같은 이유로 인터넷 쇼핑몰의 시장프리미엄이 존재하지 않는다고 해석될 필요는 없다고 생각된다. 오히려 특유의 구매편의성과 관련된 소비자 혜택의 존재로 인해 인터넷 쇼핑몰은 다른 소매유통기관에 대해 독자적인 서비스제공능력을 갖춘 경쟁력이 있는 유통경로로 보는 것이 타당할 것이다. 이러한 시장프리미엄의 존재는 인터넷 시장가격에 대한 실증적인 연구에 의해 상당한 범위의 인터넷 쇼핑몰에 대한 고객충성도가 존재하고 있음이 밝혀지고 있다는 점에서 더욱 많은 증거가 확보되고 있다. 따라서 시장진입의 선후, 선점효과에 대한 강조보다 고객충성도의 형성과정에 대한 연구를 통해 충성고객의 확보에 더욱 노력하는 것이 중요한 시사점으로 판단된다.

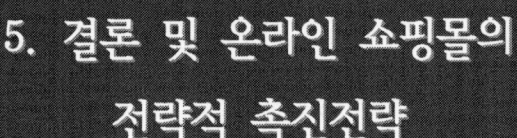

5. 결론 및 온라인 쇼핑몰의
전략적 촉진전략

5. 결론 및 온라인 쇼핑몰의 전략적 촉진전략

    21세기에 들어서 한국의 유통산업은 격심한 환경 변화에 직면하고 있다. 특히 전국적인 초고속 통신망의 보급과 함께 본격화된 인터넷 사용자층의 확산은 유통산업에 대해 광범위한 변화를 요구하고 있다. 디지털 환경으로 대별할 수 있는 이러한 변화된 환경에 적응하기 위해서는 상품의 구성, 새로운 유통경로의 구성을 넘어서서 기존의 유통구조 전반에 걸친 변화와 재편이 필요한 것이다. 물론 변화는 위험과 기회를 동반한다. 2000년을 정점으로 하는 인터넷 비즈니스를 중심으로 하는 벤처 열풍과 코스닥 기업의 붕괴는 이러한 위험과 기회를 대변하고 있다. 이제는 열기를 넘어서서 유통경로의 구성과 변화과정, 그리고 적응을 위한 핵심역량에 대해 냉철히 살펴보고 이해의 폭을 넓혀 기회를 살려 기업의 경쟁력으로 연결해야 할 시점이라고 할 수 있을 것이다.

    이러한 관점에서 정보재(Information Product) 산업의 출현과 특성, 인터넷 유통경로의 출현으로 인한 유통구조의 변화, 인터넷 시장의 특성에 대해 진전되고 있는 이해를 정리하였다. 이러한 노력을 통해 새로운 디지털 환경 속에서 변화하는 유통기업의 적응과정에서 얻은 교훈이 더욱 체계화될 것으로 믿는다.

그럼에도 불구하고 이 연구에서는 인터넷 비즈니스의 적응과정을 중심으로 쟁점을 소개하였기 때문에 소위 e트랜스포메이션(eTrans-formation)이라고 논의되고 있는 기존 유통기업의 온라인 적응과정에 대해서는 상대적으로 소홀히 다루어 졌다는 점이 한계로 보인다. 결론적으로 이러한 논의에 근거해 온라인 쇼핑몰의 전략적 촉진전략에 대해 제언하고자 한다.

1) 온라인 쇼핑몰의 전략적 촉진전략에 대한 문제제기

온라인 쇼핑몰의 환경은 급격하게 변화하고 있다. 1996년 첫 인터넷 쇼핑몰이 개업한 이래 소매유통기관의 혁신적 발전으로 주목받던 인터넷 쇼핑몰은 경매, 공동구매를 넘어서 무점포 업태인 TV 홈쇼핑과의 결합 등으로 강력한 소매유통기관의 하나로서 발전을 거듭하고 있다. 그러나 다른 한편으로 설립의 용이성에 따른 시장 경쟁 격화, 고객과의 신뢰구축의 한계, 상품공급능력 확보의 제약성 등으로 인해 온라인 쇼핑몰의 한계에 대한 지적도 무시할 수 없는 실정이다. 결국 온라인 쇼핑몰의 수요 개척능력이 한계에 봉착한 것이 아닌가 하는 문제제기가 있어 온 것이다. 이러한 측면에서 인터넷 쇼핑몰은 과도한 경쟁에 직면해 있는 반면 충분한 업태에 대응하는 수요를 개척할 수 없어 수익성을 한계를 보이고 있다는 지적이 있는 것이다.

이때 주목받게 되는 것은 온라인 쇼핑몰의 마케팅 능력개발이다. 마케팅은 수요와 공급의 격차를 조정하는 역할을 한다. 장기적으로는 고객의 욕구에 맞춘 핵심가치의 개발을 통한 수요의 개발이 필수적이겠지만, 단기적으로는 고객의 수요를 촉진하기 위한 다양한 전략이 제시될 수 있을 것이다. 온라인 쇼핑몰의 도입 초기에는 가입회원의 수가 쇼핑몰의 가치에 중요한 역할을 하는 것으로 믿어지면서 회원가입의 증가를 목적으로 하는 촉진활동6)이 주로 진행되었다. 막연한 회원의 증가만으로는 사업수익성을 확대하기 어렵다는 점이 실증되기 시작하면서 많은 시행착오를 거친 온라인 쇼핑몰들이 정리되어졌고, 이제는 새로운 촉진목표에 대한 정립이 필요한 시기이다. 그럼에도 불구하고 아직까지 촉진관리에 대한 다각적인 이해에 근거한 촉진활동은 온라인 쇼핑몰 업계에서 쉽게 관찰되지 못하고 있는 것이 현실이다. 따라서 여기에서는 촉진활동에 대한 다각적인 이해 위에 촉진목표의 전략적 설정과 실시방안에 대해 검토해 보고자 한다.

2) 고객진화와 촉진믹스

(1) 고객진화의 계단

촉진활동에 대한 이해의 기반이 되는 것은 "고객은 우리 쇼핑몰과 관련을 맺어 나가면서 변화한다"는 단순한 사실이다. 고객의 구매과정이 변화해나감에 따라 고객의 관계강도 역시 변화해 나가게 되고, 이에 따라 경쟁 쇼핑몰에 대해 고객이 우리 점포를 선택할 확률 역시 더욱 높아지게 된다는 것이다. 결국 소비자가 우리 쇼핑

---

6) 실무업계에서는 캠페인이라고 칭하기도 함.

몰에 대해 인지하고, 관심을 기울이고, 우리 쇼핑몰에 대한 평가를 거쳐 시험구매를 하고, 앞으로 특정한 제품을 구매할 때에는 우리 쇼핑몰을 먼저 방문하게 되고(채택), 다른 점포에 대한 추가적인 탐색 없이 우리 쇼핑몰에서 구입하게 됨(몰입)에 따라 고객 역시 단순히 잠재적인 고객에서 시험고객을 거쳐 구매고객, 고정고객, 애호고객을 넘어서 우리 쇼핑몰에 대해 악성 구전을 접하게 되면 우리 쇼핑몰을 옹호하는 옹호고객으로 발전하게 된다는 것이다.

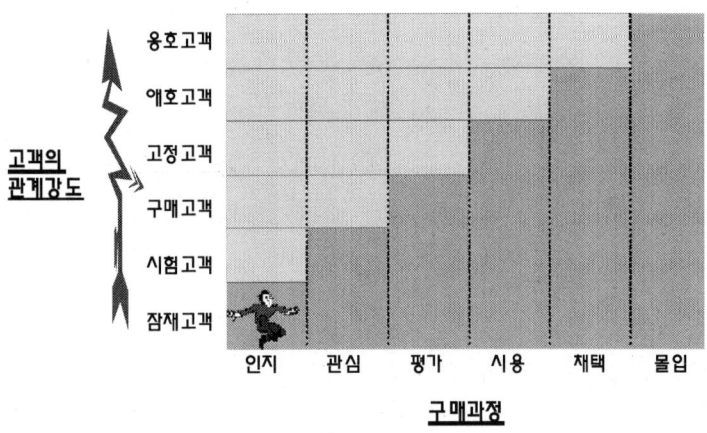

[그림 11] 구매과정에 따른 고객관계강도 변화

촉진활동은 현재 우리가 관계를 맺고 있는 고객들의 잠재된 수요를 구매행동으로 전환하는 활동이다. 따라서 현재 우리 쇼핑몰에서 진행하고자 하는 촉진활동에 대한 목표고객의 관계강도가 결국 촉진활동의 목표와 관련될 때 효과를 발휘하게 될 것이다. 이러한 점에 착안하여 이 글의 후반부에서는 고객진화에 따른 촉진목표를 설정하고 촉진활동과 대응시키는 방안에 대해 모색하고자 한다.

(2) 촉진믹스(Promotion Mix)

마케팅 활동에서는 마케터가 사용할 수 있는 변수들의 묶음을 "믹스(Mix)"라는 표현을 사용한다. 다양한 변수들이 한꺼번에 사용됨으로써 변화될 수 있는 최종적인 제공물 역시 변화하게 된다는 것을 의미하는 것이다. 마치 요리에서 각각의 재료들이 서로 섞여 최종적인 맛은 원래의 재료 각각의 맛이 아닌 새로운 맛을 만들어 내듯이 마케팅 활동 역시 종합적인 변수의 효과에 대해 고려해야 한다는 의미에서 초기 마케팅 학자들은 믹스라는 표현을 사용하였고 현재까지도 마케팅 업계에서는 동일한 맥락에서 받아들여지고 있다. 대표적인 마케팅 분야에서 고려되는 믹스는 마케팅 믹스(Marketing Mix)이다. 마찬가지로 촉진활동에 대해서도 믹스가 고려되게 되는데, 이를 촉진믹스(Promotion Mix)라고 한다. 촉진믹스의 구성요소는 광고(Advertising), 홍보(Publicity), 인적 판매(Personal Sales), 판매촉진(Sales Promotion)으로 나누어 질 수 있다.

광고는 대중매체를 통해 우리가 전달하고자 하는 메시지를 지정하여 매체사용료를 내고 진행하는 촉진활동이다. 이때 활용되어질 수 있는 대중매체로는 TV, 신문, 잡지, 인터넷 포털7) 등을 고려할

---

7) 특히 온라인 쇼핑몰의 경우 인터넷 배너광고의 활용에 대해 많은 고려가 이루어지게 된다. 이때 인터넷 배너광고는 광고라는 표현에도 불구하고 매체의 특성상 단지 메시지를 전달하는 차원의 광고로서의 특징과 특정한 행동을 촉진하기 위한 판매촉진으로서의 특징을 동시에 지니고 있다. 이 글의 초점에서 벗어나므로 이에 대한 자세한 논의는 진행하지 않겠지만, 이러한 양자의 특징을 동시에 지니고 있다는 것이 두 가지 목표를 동시에 수행하는 데 유리하다는 의미는 아니다. 오히려 소비자의 정보과부하로 인한 효과성의 감소를 가져올 수 있기 때문에 한 가지 목표에만 초점을 맞추는 것이 유리할 것으로 판단된다.

수 있다. 반면에 홍보는 기사내용 속에 소개되어지는 우리 쇼핑몰의 장점 또는 특징에 대한 메시지를 의미한다. 일반적으로 광고는 직접적인 메시지의 통제가 가능하여 즉각적인 효과를 기대할 수 있는 반면, 홍보는 메시지에 대한 신뢰성이 증가하는 것이 특징이다. 인적 판매는 특정한 행동을 촉진하기 위해 직접 판매원이 소비자를 접촉하여 진행하는 활동을 의미한다. 직접 방문이 가장 일반적인

[표 12] 촉진믹스의 종류와 장·단점

촉진수단	장 점	단 점
광고	-새롭고 미개척된 시장과 예상 고객에게 도달 가능 -판매원이나 직접 우송광고로 도달할 수 없는 예상 구매자에게 도달할 수 있다 -촉진수단중 가장 비용이 적게 든다	-완전한 설명을 하기 어렵다 -목표 오디언스가 아닌 사람에게도 도달되므로 낭비가 생긴다
홍보	-새롭고 미개척된 시장 및 예상고객에게 도달할 수 있다 -판매원 및 직접 우송광고로는 도달할 수 없는 구매자 층에 도달할 수 있다 -편집자가 전달하는 형식이므로 객관성이 높다 -비용이 안든다	-표현을 마음대로 할 수 없다 -게재횟수가 제한적이다 -메시지의 양을 계획대로 조정할 수 없다
인적판매	-목표로 하는 예상고객을 발견하여 도달할 수 있다 -고객에 알맞은 최선의 설명을 할 수 있다 -고객의 반대를 반론할 수 있다 -특별한 설득방법을 응용할 수 있다 -주문을 하도록 강력하게 소구할 수 있다	-접촉을 할 수 있는 고객의 수가 제한적이다 -판매원은 가장 접촉하기 쉬운 예상객만 골라 접촉한다 -모든 중요한 구매요인을 알려고 하지 않는다 -고객서비스를 위해 여행을 하여야 한다 -한번 접촉하는데 비용이 가장 많이 든다
판매촉진	-가장 유망한 예상고객에게 소구할 수 있다 -특수하고 상세한 설명을 할 수 있다 -직접지도를 할 수 있다	-우송고객 명단의 작성이 어렵다 -명부의 편리가 곤란하다 -낭비가 많다

110

형태이겠지만, 광범위한 의미에서는 텔레마케팅, 개인화된 전자우편을 통한 메시지 전달, 상담원과의 게시판 활동 등을 포함할 수 있을 것이다. 마지막으로 판매촉진은 판매조건의 변화를 통해 고객의 구매행동을 촉진하기 위한 활동을 의미한다. 일반적으로는 가격할인, 쿠폰 및 경품의 제공 등이 활용된다. 온라인 쇼핑몰의 입장에서 많이 사용되는 것은 구매금액에 따른 마일리지 혜택제공과 같은 것을 들 수 있을 것이다.

(3) 촉진믹스의 효과성

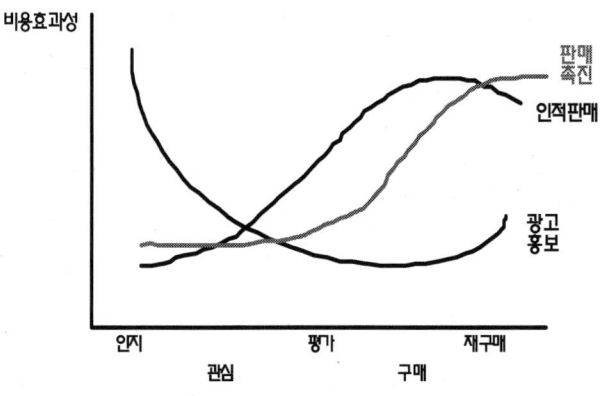

[그림 12] 고객진화과정에 따른 촉진믹스의 비용효과

촉진믹스는 고객의 진화과정에 대해 항상 동일한 효과를 발휘하지 않는다. 따라서 비용대비 효과를 극대화하기 위해서는 현재 우리 쇼핑몰이 목표로 하는 촉진대상의 진화단계에 대한 고려가 필요하다. 일반적으로 광고, 홍보와 같은 대중매체를 활용한 촉진믹스의 경우에는 고객진화 초기의 인지와 관심단계에 큰 영향을 미치는 반면,

인적판매는 평가와 구매과정에 대해 영향을 미치는 것으로 알려져 있다. 판매촉진의 경우에는 재구매 과정에 대해 효과가 크다.

따라서 온라인 쇼핑몰이 초기에 잠재적 고객층을 확보하기 위해서는 광고, 홍보에 크게 의존할 필요가 있겠지만, 실제 구매가 진행되는 과정에 대해서는 인적 판매 수단에 대한 고려가 필요하다. 또한 재구매 과정에 대해서는 판매촉진 믹스가 더 효과적이다. 예를 들어 다음 두 가지 전자우편을 통한 접근수단을 비교해 보자.

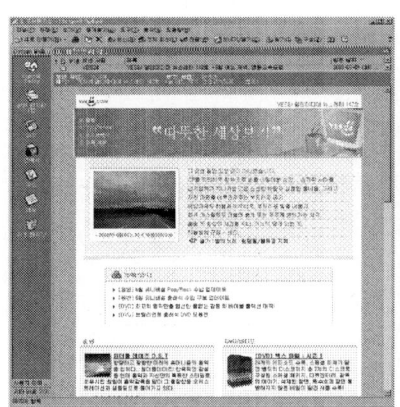 

[예시 7] 인터넷 서점의 메일 비교

같은 업태인 인터넷 서점에서 발송된 두개의 메일은 촉진믹스의 관점에서 본다면 전혀 다른 접근방법을 취하고 있다. 왼쪽의 yes24의 메일의 경우에는 고객과의 친밀감에 기반하여 인적인 접촉을 시도하는 인적판매의 특성을 지니고 있다면, 오른쪽의 인터넷 교보문고의 메일의 경우에는 지금 구매행동으로의 전환에 따른 경제적 혜택을 제시하는 판매촉진의 특성을 지니고 있는 것이다. 이때 구매행동 자체로의 전환에는 왼쪽 편의 경우가 기존 회원의 재구매 유도의 측면에서는 오른쪽 편의 경우가 더 효과적일 것이다.

촉진믹스 중 특히 판매촉진에 대해 고려할 때, 가격할인 등 수단의 결과는 장기적으로 보아 전체 매출을 증가시키는 것은 아니라는 점에 대해 유의할 필요가 있다. 가격할인으로 인한 매출의 증가는 미래의 매출을 앞당기는 것이지, 그것 자체가 전체 매출을 증가시키는 것은 아니라는 것이다. 따라서 장기적으로는 고객을 진화시키기 위한 전략적 촉진목표의 설정과 관리가 필요하다.

3) 온라인 쇼핑몰의 촉진목표와 촉진전략

온라인 쇼핑몰의 촉진목표는 어떻게 형성되어야 할 것인가에 대해 고려하기 위해 고객진화과정과 촉진믹스의 특성에 대해 살펴보았다. 대표적인 경영학자인 드러커(P. Drucker)에 따르면 "기업의 목표는 고객의 획득과 유지과정"이다. 이러한 관점에서 촉진목표 역시 고객의 획득(인지도의 형성, 선호도 증가, 시험가입, 시험구매)과 고객의 유지(단순 재구매, 추가 및 교차구매, 충성고객형성, 소비자 공동체 구성)로 발전해 나갈 것이다.

(1) 고객획득

① 인지도의 형성: 인지도의 형성을 위해서는 광고, 홍보와 같은 접근방법이 가장 효과적이다. 따라서 홍보를 위한 특별한 접근방법/기능/거래방식의 개발과 같은 것이 핵심적이라고 할 수 있을 것이다. 예를 들어 "온라인 쇼핑몰의 유명 연예인 모델 기용", "여름맞이 가격할인 온라인 쇼핑몰을 달궈"와 같은

것들이 최근 기사화된 홍보형태로 제시될 수 있다. 반면 광고의 경우에는 매체마다 가격차이가 크므로 매체이용자와 목표청중의 관계에 대한 고려가 필수적이다. 왜냐하면 효과적인 노출을 위해서는 매체마다 노출빈도를 조정할 필요가 있기 때문이다. 예를 들어 TV광고에서 주 1, 2회 노출되는 것은 큰 의미가 없을 수 있다. 그러나 인터넷 쇼핑몰 초기에는 신뢰가 부족하여 경쟁력있는 공급업자와 직접거래가 어렵다. 이러한 상황에서 소비자를 대상으로 하는 광고가 오히려 공급자에게 노출되어 신뢰할 수 있는 거래 상대로 인식되고, 직접거래가 가능하게 되어 온라인 쇼핑몰 경쟁력강화에 핵심적 요소인 구색을 강화할 수 있는 위치로 이어지는 경우가 있을 수 있다.

② 선호도의 증가와 시험가입: 선호도의 증가와 시험가입(소비자 정보의 제공)에 있어 가장 핵심적인 요소는 촉진활동이라기보다는 온라인 쇼핑몰이 제공하는 서비스 결과수준이 더 중요하다. 따라서 선호도의 증가를 위해서는 광고는 거의 의미가 없다. 그러나 온라인 쇼핑몰 각자가 추구하는 서비스 결과수준 (저가 지향, 구색다양성 지향, 구매안전성 지향, 배송속도 지향 등)에 대한 설득을 위해서 보다 인적인 커뮤니케이션 수단 (전자우편, 게시판 관리 등)에 대한 의존도를 더욱 높일 필요가 있다.

③ 시험구매: 시험구매는 소비자가 실제 온라인 쇼핑몰의 서비스 결과수준을 확인하기 위해 최초로 구매하는 것을 의미한다. 매출로 연결되는 직접적인 행동으로 전환되는 가장 중요한 단계로서 온라인 점포의 입장에서의 진실의 순간(Moment of Truth)이라고 볼 수 있을 것이다. 이때 소비자에게 개인화된

제공물(Personalized Offerings)이 중요한 행동의 단서가 될 수 있다. 따라서 개인화된 메시지 또는 현재 시점에 맞춘 메시지의 전달이 중요한 행동의 단서가 될 수 있다. 예를 들어 시험가입에 대한 확인메일을 활용하여 시험구매의 지각위험을 낮추는 다양한 단서를 제공하는 것도 좋은 접근방법이 될 수 있다.[8]

(2) 고객유지

① 단순 재구매: 재구매는 고객유지의 첫 단계이기도 하다. 일단 온라인 쇼핑몰의 입장에서 고객과의 관계에서 수익성을 확보할 수 있는 첫 교두보를 확보한 것이다. 여기서 단순 재구매는 소비자가 일단 사용한 서비스(온라인 쇼핑몰의 경우에는 같은 유형의 품목, 유사한 가격대)에만 머물러 있는 경우를 의미한다.

② 추가구매(Up Selling)/교차구매(Cross Selling): 단순 재구매의 상태에서 벗어나기 위해서는 고객의 구매가격대 증대(추가구매), 다른 유형의 품목 구매(교차구매)로의 전환이 필요하다. 이 때에는 협동 여과(Collaborative Filtering)와 같은 유사 소비자의

---

8) 예를 들어 시험구매의 지각위험을 낮출 수 있는 방법으로 일부 온라인 쇼핑몰에서는 최초 구매고객에게 추가 마일리지를 제공하고 있다. 그러나 추가 마일리지는 재구매와 관련될 뿐, 시험구매에 대한 지각위험을 낮추는 데 도움이 되지 않는다. 오히려 시험가입한 고객에 대해 최초 배송료를 면제해준다든가 후불제 적용과 같은 방법이 더 효과적일 것으로 보인다. 온라인 유료컨텐트 제공업체의 경우에는 최초 시험구매에 대해 버저닝(Versioning)된 프리미엄 서비스를 일정기간 또는 일정횟수 무료 사용할 수 있는 권한을 주기도 한다.

구매자료에 대한 분석이나 데이터마이닝을 통한 연관성 분석, 장바구니 분석과 같은 분석자료의 활용이 필수적이다. 이를 통해 소비자에게 묶음가격(Bundling Price),[9] 제품라인가격(Product Line Price)[10]과 같은 판매촉진 제안을 개발할 필요가 있다.

		Consumers' Attitude	
		H	L
Degree of Repeated Purchase	H	High Loyalty	Spurious Loyalty
	L	Latent Loyalty	No Loyalty

[표 13] 고객충성도의 구성(Dick and Basu, 1994)

③ 충성고객형성: 일반적으로 충성고객은 지속적인 재구매 행동에 의해 정의된다. 물론 최종적인 수익은 재구매 행동에 의해 발생하기 때문에 이러한 정의 역시 타당성을 지니고 있다. 그러나 최근 고객충성도에 대한 연구들에서는 재구매 행동만을 고려한 고객충성은 특히 온라인 쇼핑몰의 경우와 같이 진입장벽이 낮아 새로운 대안이 발생하였을 경우에는 쉽게 무너질 수 있다는 점을 지적하고 있다. 이때 자칫하면 현재 우리 쇼핑

---

9) 다양한 제품을 묶어서 가격을 설정하는 것.

10) 서로 보완되는 제품라인의 가격을 함께 제시하는 것.

몰의 고객기반을 옆의 표에서 보이는 허위 충성도(Spurious Loyalty)에만 근거한 고객들로 갖추는 오류를 범할 수 있기 때문이다. 따라서 고객의 재구매 행동 자체를 위한 판매촉진활동(마일리지의 제공, 고객등급화, 기존고객에 대한 특별 제안 등)뿐 아니라 고객기반의 태도적 변화에 초점을 맞추는 인적 판매 수단에 대한 고려도 함께 이루어 져야 한다. 특히 온라인 쇼핑몰에 있어서는 자칫하면 인적 요소가 간과되고 마치 소비자 구매진행이 일정 수준이 지나고 나면 자동화된 시스템으로 주문을 입력하면 최종 서비스 결과가 나오는 것으로 소비자와 경영자 모두에게 인식되어질 수 있는 가능성이 있다. 이러한 가능성은 전반적인 서비스 설계의 역전현상을 가져올 수 있다. 예를 들어 최근 배송료 부담을 줄이기 위해 1주문 1배송정책을 선택한 한 온라인 서점의 경우, 결과적으로는 대규모 주문을 낸 고객에게는 최악의 배송기간(모든 주문내용에 들어간 모든 서적을 모아야 배송이 가능하므로)을 제공해 객단가 수준을 낮추는 서비스 설계 역전현상을 낳고 있다. 결국 온라인 쇼핑몰에 있어 쇼핑몰의 상점브랜드(Store Brand)는 소비자와의 끊임없는 대화과정에 의해 형성되게 된다. 따라서 개별 소비자의 문제점을 조기에 발견하고 대처할 수 있는 방법에 대한 모색 - 즉 인적 접촉방법에 의한 보완이 필요하다.

④ 소비자 공동체: 궁극적으로 소매기관이 목표하는 바는 고객의 욕구를 고객 자신이 파악하는 것보다 더 정확하고 빠르게 파악하여 그 욕구수준을 충족시키는 것이다. 이러한 과정은 고객의 서비스 설계과정에 대한 참여를 통해 나타나게 된다. 온라인 쇼핑몰의 예는 아니지만 IBM의 경우 IBM 제품 구매고

객을 대상으로 IBM User Group이라고 하는 범세계적인 소비
자 공동체를 구성하고 이들을 대상으로 지속적인 컨퍼런스를
제공하고 있다. 결국 이러한 노력은 촉진활동 자체를 넘어서
는 촉진활동으로 서비스 결과수준에 대한 재설계과정으로 온
라인 쇼핑몰의 경쟁력을 강화하고, 진입장벽을 더욱 강화하는
역할을 담당하게 될 것이다.

4) 온라인 쇼핑몰의 전략적 촉진관리에서의 고려요인

이상의 논의를 거쳐 온라인 쇼핑몰의 입장에서 전략적 촉진활동
을 관리하기 위한 촉진목표의 설정과정과 실행에 대해 살펴보았다.
촉진활동은 단순히 현재 상태에서 잠재된 수요를 자극하여 구매를
촉진하는 것 이상의 역할을 담당하게 된다. 왜냐하면 기업의 촉진
활동 자체가 결국 그 기업의 상표자산(Brand Equity)을 형성시키
는 고객과의 대화과정이기 때문이다. 이러한 관점에서 현재 우리의
고객층에 대한 체계적 이해를 통해 촉진목표를 설정하고 이에 기반
하여 적절한 촉진믹스를 활용할 필요가 있다. 마지막으로 이러한
전략적 촉진관리를 실시하기 위해 전반적으로 고려해야 할 점을 제
기하고자 한다.

(1) 통합적 마케팅 커뮤니케이션 전략을 수립하라.

목표소비자에 대한 촉진믹스의 효과 증대를 위해서는 다양한 매
체와 접근수단을 통해 이루어지는 마케팅 커뮤니케이션을 통일
적 이미지와 메시지로 설계할 필요성이 있다. 어떤 매체를 통해

서는 우리 쇼핑몰의 저가 이미지를 다른 매체를 통해서는 고품
격과 신뢰성 이미지를 전달하는 것은 결국 소비자에게 혼란을
초래하여 어떠한 메시지도 효과적으로 전달되지 못하도록 하기
때문이다. 결국 통합적 마케팅 커뮤니케이션 전략(Integrative
Marketing Communication Strategy)을 사전에 수립하고 이에
따라 통일적 이미지를 구축하는 것이 비용대비 효과성을 극대화
할 수 있는 길이다.

(2) 전략적 범위(Strategic Span)를 사전에 확정하라.

전략적 범위란 이번 촉진활동의 궁극적인 목표를 어떤 경로를
통해 어디까지 달성할 것인가를 정의하는 것을 의미한다. 지속
적인 가격할인행사는 결과적으로 고객의 구매시기연기를 초래
할 수도 있다. 단기적으로는 매출이 증가하는 것으로 보인다고
하더라도 장기적으로는 온라인 쇼핑몰의 점포이미지에 악영향
을 미칠 수 있는 정책결정에 대해서는 전반적인 전략적 범위에
대한 조망에 근거하여 신중하게 접근하여야 한다.

(3) 이연효과를 고려하라.

대부분의 촉진믹스는 이연효과(Carry-Over Effect)를 지니고
있다. 이연효과는 이번 기에 투자된 촉진믹스의 비용에 따른
효과가 이번 기에 모두 실현되는 것이 아니라 다음 기에 영향
을 미치게 되는 효과를 의미한다. 불황기 광고집행의 중단은
당장의 매출에 대해 영향을 미치는 정도는 크지 않지만, 활황
기가 되어 다시 광고를 재개한다고 하더라도 금방 효과가 나타

나지 않아 지속적인 광고활동을 해왔던 경쟁업체에 뒤쳐지게 될 가능성을 담보한 결정이라는 것을 고려하여야 한다.

(4) 전략적 촉진목표와 수익을 연결하라.

전략적 촉진목표가 초기 온라인 쇼핑몰에서 진행되었던 것처럼 수익과 무관한 단순한 회원수 증가와 같은 활동과 연결된다면 장기적으로 기업의 가치는 하락하게 된다는 것이 지금까지 온라인 쇼핑몰 운영의 경험이다. 반드시 현재 진행되고 있는 촉진활동은 이번 단계에서 수익과 직접 연관되지 않더라도 그 다음 전술적 접근에서 수익과 어떻게 연관될 수 있는지 명확한 연관관계를 갖추어야 한다.

이 글에서는 온라인 쇼핑몰의 활성화를 위해 진행되는 촉진활동이 전반적인 연관관계를 고려하는 통합적 마케팅 커뮤니케이션의 틀 안에서 전략적으로 고려되어야 한다는 점을 다시 한번 논의하고자 하였다. 결국, 개별적인 촉진목표의 설정들이 결과적으로 전반적인 촉진전략의 틀 속에서 명확하게 이해될 수 있을 때 촉진목표의 달성이 온라인 쇼핑몰의 활성화에 기여할 수 있게 될 것이다.

|참고문헌|

1. 국내문헌

김재윤(2000), "인터넷: 경제 이상이 실현되는가," 삼성경제연구소 인터넷 연구 1.

박치관(1999), "가상시장에서의 중개인의 필요성과 역할변화에 관한 연구", 경영정보학 연구, 9권 1호.

임종원, 이동일(1999), 디지털 시대의 정보중간상, 서울대학교 경영대학 전자상거래 지원센터, 전자상거래 교재개발 시리즈, 9901-22-01.

임헌문(1998), "경로기관 간 전자적 연결이 경로성과에 미치는 영향에 관한 연구", 서울대학교 박사학위논문.

2. 웹사이트 및 보도기사

Amazon[www.amazon.com]-카탈로그형 종합 쇼핑몰
BizRate[www.bizrate.com]-쇼핑몰 평가
eBay[www.ebay.com]-소비자 간 경매
Entalk[www.entalk.com]-제품/쇼핑몰 평가
Enuri[www.enuri.com]-가격검색엔진
My Simon[www.mysimon.com]-가격검색엔진
Priceline[www.priceline.com]-레져 티켓, 잡화 역경매
Yavis[www.yavis.com]-가격검색엔진(실시간, 오프라인 겸용)
Yes24[www.yes24.com]-인터넷 서점

스포츠조선, '인터넷서점 - 대형서점 간 감정싸움 계속', 2000. 11. 19. [http://sportschosun.com]

3. 외국문헌

Achrol, Ravi S and Philip Kotler(1999), "Marketing in the Network economy," Journal of Marketing, Vol. 63.

Achrol, Ravi S.(1997), "Changes in the Theory of Interorganizational Relations in Markeitng: Toward a Network Paradigm," Journal of the Academey of Markeing Science, Vol. 25, No.1, 56-71.

Adamic, Lada A. and Bernardo a. Huberman(1999), "The Nature of Markets in the World Wide Web," Working Paper, eCommerce Forum, MIT.

Adelaar, Thomas(2000), "Electronic Commerce and the Implications for Market Structure: The Example of the Art and Antiques Trade," Journal of Computer Mediated Communication, Vol. 5, No.3, Mar.

Alba, Joseph, John Lynch, Barton Weitz, Chris Janiszewski, Richard Lutz, Alan Sawyer and Stacy Wood(1997), "Interactive Home Shopping: Consumer, Retailer, and Manufacturer Incentives to Participate in Electronic Marketplace," Journal of Marketing, Vol. 61, July, 38-53.

Bailey, Joseph P. and Yannis Bakos(1997), "An Exploratory Study of the Emerging Role of Electronic Intermediaries," International Journal of Electronic Commerce, Vol. 1, No.3, Spring, 7-20.

Bailey, Joseph(1998a), "Internet Price Discrimination: Self-Regulation, Public Policy, and Global Electronic Commerce," Working Paper, University of Maryland, Sep. 18, 1998 Version.

Bailey, Joseph P.(1998b), Intermediation and Electronic Markets: Agg- regation and Pricing in Internet Commerce, Ph. D. Dissertation, Massachusetts Institute of Technology.

Bakos, Yannis(1991a), "Information Links and Electronic Marketplaces: Implications of Interorganizational Information Systems in Vertical Markets," Journal of Management Information Systems, Vol. 8, No.2, Fall.

Bakos, Yannis(1991b), "A Strategic Analysis of Electronic Market- places," MIS Quarterly, Vol, 15, No.3, Sep., 295-310.

Bakos, Yannis and Erik Brynjolfsson(1993), "From Vendors to Partners: Information Technology and Incomplete Contracts in Buyer-Supplier Relationshiips," Journal of Organizational Computing.

Bakos, Yannis(1997), "Reducing Buyer Search Costs: Implications for Electronic Marketplaces," Management Science, Vol. 43, No.12, Dec.

Bakos, Yannis and Erik Brynjolfsson(1997), "Aggregation and Disaggregation of Information Goods: Implications for Bundling, Site Licensing and Micropayment Systems," Forthcoming in Internet Publishing and Beyond: The Economics of Digital Information and Intellectual Property. D Hurley, B. Kahin, and H. Varian, eds., MIT Press, In press.

Bakos, Yannis(1998), "The Emerging Role of Electronic Marketplaces on the Internet," Communications of the ACM, Aug., Vol.

41, No.8, 35-42.

Bakos, Yannis and Erik Brynjolfsson(1999), "Bundling and Competition on the Internet," Working Paper, Apr.

Bauer, Hans H., Mark Grether and Mark Leach(1999), "Building Customer Relations over the Internet," Working Paper, Mannheim University.

Benjamin, Robert I., and Rolf Wigand(1995), "Electronic Markets and Virtual Value Chains on the Information Superhighwary," Sloan Management Review, Winter.

Benjamin, Robert I. and Rolf Wigand(1995), "Electronic Markets and Virtual Value Chain on the Information Superhighway," *Sloan Management Review*, Winter.

Bhargava, Hermant, Vidyanand Choudhary and Ramayya Krishnan (1999), "Pricing and Product Design: Intermediary Strategies in an Electronic Market," Working Paper, Carnegie Mellon University.

Bichler, Martin(1998), "Services of a Broker in Electronic Commerce Transactions," Electronic Markets, Vol. 8 (1).

Brandweiner, Roman and Arno Scharl(1999), "An Institutional Approach to Modeling the Structure and Functionality of Brokered Electronic Markets," International Journal of Electronic Commerce, Spring, Vol. 3, No.3, 71-88.

Brynjolfsson, Erik and Michael D. Smith(1999b), "Understanding Digital Markets: Review and Assessment," Working Paper, July. 1999 Version, MIT Sloan School of Management, Available at [http://ecommerce.mit.edu/papers/ude].

Brynjolfsson, Erik and Michael D. Smith(1999a), "Frictionless

Commerce? A Comparison of Internet and Conventional Retailers," Working Paper, Aug. 1999 Version, MIT Sloan School of Management, Available at

[http://ecommerce.mit.edu/papers/friction].

Carr, Nicholoas G.(2000), "Hypermediation: Commerce as Clickstream," *Harvard Business Review*, Jan-Feb.

Carr, Nicholoas G.(2000), "Hypermediation: Commerce as Clickstream," Harvard Business Review, Jan-Feb.

Chircu, Alina M. and Robert J. Kauffman(1999b), "Strategies for Internet Middleman in the Intermediation/Disintermediation/ Reintermediation Cycle," Electronic Markets, Vol. 9 (1/2), 109-117.

Chireu, Alina M. and Rovert J. Kaufman(2000), "Reintermediation Strategies in Business-to-Business Electronic Commerce," Forth- coming in International Journal of Electronic Commerce, Fall.

Chircu, Alina M. and Robert J. Kaufman(1999), "Strategies for Internet Middleman in the Intermediation/Disintermediation /Reinterme- diation Cycle," *Electronic Markets*, Vol. 9 (1/2), 109-117.

Clay, Karen, Ramayya Krishna, Eric Wolff and Danny Fernandes (1999), "Retail Strategies on the Web: Price and Non-price Competition in the Online Book Industry," Working Paper, Carnegie Mellon University.

Dellaert, Benedic(1999), "The Consumer as Value Creator on the Interent," Working Paper, MIT eCommerce Forum.

Economides, Nicholas(1999), "Durable Goods Monopoly with Network

Externalities with Application to the PC Operating Systems Market," Working Paper, Stern School of N.Y. University.

Economides, Nicholas(1994), "Critical Mass and Network Evolution in Telecommunicatios," Forthcoming in Toward a Competitive Telecommunications Industry, Selected Papers from the 1994 Telecommunications Policy Research Conference, Gerard Brock (ed), 1995.

Eighmey, John and Lola McCord(1998), "Adding Value in the Information Age: Uses and Gratifications of Sites on the World Wide Web," Journal of Business Research, 41, 187-194.

Frank, Malcolm(1997), "The Realities of Web-Based Electronic Commerce," Strategy & Leadership, May/June.

Glazer, Rashi(1991), "Marketing in an Information-Intensive Envirion- ment: Strategic Implications of Knowledge as an Asset," Journal of Marketing, Vol. 55, Oct, 1-19.

Greenstein, Shane(1999), "Framing Empirical Research on the Evolving Structure of Commercial Internet Markets," Preceeding for "Understanding the Digital Economy: Data, Tools and Research" Washington DC, May 25-26, 1999.

Hagel Ⅲ, John and William J. Lansing(1994), "Who owns the Customer," The McKinsey Quarterly, Autumn, No.4.

Hagel Ⅲ, John and Arthur G. Armstrong(1997), Net Gain-Expanding Markets through Virtual Communities, HBS Press.

Hagel Ⅲ, John and Marc Singer(1999), Net Worth-Shaping Markets When Customers Make the Rules, HBS Press.

Hagel Ⅲ, John and Jeffrey F. Rayport(1997), "The New informediaries" The McKinsey Quarterly, Autumn, No.4.

Hagel, John(1999), "Net Gain: Expanding Markets through Virtual Communities," Journal of Interactive Marketing, Vol. 13, No.1, Winter, 1999.

Hoffman, Donna L. and Thomas P. Novak(1995), "Marketing in Hypermedia Computer-Mediated Envirionments: Conceptual Foundations," Journal of Marketing, Vol. 60, Jul., 50-68.

Hoffman, Donna L., Thomas P. Novak and Patrali Chatterjee(1996), "Commercial Scenarios for the Web: Opportunities and Challenges," Journal of Computer Mediated Communication, Vol. 1, No.3.

Hunt, Kenneth A.(1995), "The Relationship Between Channel Conflict and Information Processing," Journal of Retailing, Vol. 71, No.4, 417-436.

Iacovou, Charalambos and Izak, Benbasat(1995), "Electronic Data Interchange and Small Organizations: Adoption and Impact of Technology," MIS Quarterly, Dec, 465-485.

Iansiti, Marco and Alan MacCormack(1997) "Developing Products on Internet time," Harvard Business Review(Sept-Oct) v75 n5.

Jap, Sandy D.(1999), "Pie-Expansion Efforts: Collaboration Process in Buyer-Supplier Relationships," Journal of Marketing Research, Vol. XXXVI, Nov., 461-475.

Javenpaa, Sirkka L., Noam Tractinsky and Lauri Saarienen(1999), "Consumer Trust in an Internet Store: A Cross-Cultural Validation," Journal of Computer Mediated Communication,

Vol. 5, No.2.

Jin, Lei and Daniel Robey(1999), "Explaining Cybermediaion: An Organizational Analysis of Electronic Retailing," International Journal of Electronic Commerce, Summer, Vol. 3, No.4, pp 47-65.

Kautz, Henry, Bart Selman and Mehul Shah(1997), "Referral Web: Combining Social Networks and Collaborative Filtering," Communication of the ACM, Vol. 40, No.3, Mar.

Klein, Lisa R. and John A. Quelch(1997), "Business-to-business Market Making on the Internet," International Marketing Review, Vol. 14, No.5.

Klein, Lisa R.(1998), "Evaluating the Potential of Interactive Media through a New Lens: Search versus Experience Goods," Journal of Business Research 41, 195-203.

Klein, Stefan and Robert M. O'Keefe (1999), "The Impact of the Web on Auctions: Some Empirical Evidence and Theoretical Consideration," International Journal of Electronic Commerce, Spring, Vol. 3, No.3, 7-20.

Klein, Stern (1997), "Introduction to Electronic Auctions," Electronic Markets, Vol. 7(4).

Korgaonkar, Pradeep K. and Lori D. Wolin(1999), "A Multivariate Analysis of Web Usage," Journal of advertising Research, Mar.-Apr.

Lee, Ho Geun(1997), "AUCNET: Electronic Intermediary for Used-Car Transactions," Electronic Markets, Vol. 7(4).

Li, Hairong, Cheng Kuo and Martha G. Russell(1999), "The Impact of Perceived Channel Utilities, Shopping Orientations, and Demographics on the Consumer's Online Buying Behavior," Journal of Computer Mediated Communication, Vol. 5, No.2.

Lief, Varda(1999a), "Anatomy of New Market Models," The Forrester Report, Feb.

Lin, Carolyn A.(1999), "Online-Service Adoption Likelihood," Journal of Advertising Research, Mar.-Apr.

Lindemann, Markus A. and Beat F. Schmid(1999), "Framework for Specifying, Building, and Operating Electronic Markets", International Journal of Electronic Commerce, Winter 1998-99, Vol. 3, No.2.

Lohse, Gerald L. and Peter Spiller(1999), "Internet Retail Store Design: How the User Interface Influence Traffic and Sales," Journal Computer Mediated Communication, Vol. 5, No.2.

Malone, Thomas W., Jo Anne Yates, and Robert I. Benjamin(1987), "Electronic Markets and Electronic Hierarchies," Communication of the ACM, Jun, Vol. 30, No.6.

Malone, Thomas W., Jo Anne Yates, and Robert I. Benjamin(1989), "The Logic of Electronic Markets," *Harvard Business Review*, May-June.

Malone, Thomas W., Jo Anne Yates, and Robert I. Benjamin(1989), "The Logic of Electronic Markets," Harvard Business Review, May-June.

Maruca, Regina Fazio(1999), "Retailing Confronting the Challenges that Face Bricks-and-Mortar Strores," Harvard Business Review, Jul-Aug, 159-161.

130

Miller Chip E., James Reardon and Denny E. McCorkle(1999), "The Effects of Competition on Retail Structure: an Examination of Intratype, Intertype, and Intercategory Competition," Journal of Marketing, Vol. 63, Oct., 107-120.

Moon, Young Me(1999), "Network Technology and the Role of Intermediaries," Havard Business School Case 9-599-102, May 17.

Morwitz, Vicki G., Eric A. Greenleaf and Eric J. Johnson(1998), "Divide and Prosper: Consumers' Reactions to Partitioned Prices," Journal of Marketing Research, Vol. XXXV, Nov., 453-463.

Morrison, Pamela D. and John H. Roberts(1998), "Matching Electronic Distribution Channels to Product Characteristics: The Role of Congruence in Consideration Set Formation," Journal of Business Research 41, 223-229.

Morrisette, Shelley, Kenneth Clemmer and William M. Bluestein (1998), "The Retail Power Shift," The Forrester Report, April.

Palmer, Jonathan W., Joseph P. Bailey and Samer Faraj(2000), "The Role of Intermediaries in the Development of Trust on the WWW: The Use and Prominence of Trusted Third Parties and Privacy Statements," Journal of Computer Mediated Communication, Vol. 5, No.3, Mar.

Palvia, Shailendrea C., Jain and Vijay K. Vemuri(1999), "Distribution channels in Electronic Markets-A Functional Analysis of the 'isintermediation' Hypothesis," Electronic Markets, Vol. 9 (1/2), 118-125.

Quelch, John and Lisa R. Klein(1996), "The Internet and Inter-national Marketing," Sloan Management Review, Spring

Roberts, John H.(2000), "Developing New Rules for New Markets," Journal of the Academy of Marketing Science, Vol. 28, No.1, 31-44.

Sarkar, Mitra Barun, Brian Butler, and Charles Steinfield(1995), "Intermediaries and Cybermediaries: A Continuing Role for Mediating Players in the Electronic Marketplace," *Journal of Computer Mediated Communication*, Vol. 1, No.3.

Sarkar, Mitra Barun, Brian Butler, and Charles Steinfield(1998), "Cybermediaries in Electronic Marketspace: Toward Theory Building," *Journal of Business Research*, 41.

Schmitz, Stefan W.(2000), "The Effects of Electronic Commerce on the Structure of Intermediation," Journal of Computer Mediated Communication, Vol. 5, No.3, March.

Scott, Judy(2000), "Emerging Patterns from the Dynamic Capabilities of Internet Intermediaries," *Journal of Computer Mediated Communication*, No.5, Vol. 3.

Shapiro, Carl and Hal R. Varian(1998), "Versioning: The smart way to sell information," Harvard Business Review, Nov-Dec.

Shaffer, Grag and Florian Zettlelmeyer(1999), "The Internet as a Medium for Marketing Communications: Channel Conflict over the Provision of Information," Working Paper, eCommerce Forum at MIT.

Sivadas, Eugene, Rajdeep Grewal, James Kellaris(1998), "The Internet as a Micro Marketing Tool: Targeting Consumers through Preferences Revealed in Music Newsgroup Usage," Journal of Business Research, 41.

Smith, Michael D., Joseph Bailey and Erik Brynjolfsson(1999), "Understanding Digital Markets: Review and Assessment," Forthcoming in Erik Brynjolfsson and Brian Kahin eds, Understanding the Digital Economy, MIT Press, 1999, Available at [http://ecommerce.mit.edu/papers/ude].

Spiller, Peter and Gerald L. Lohse(1997), "A Classification of Internet Retail Stores," International Journal of Electronic Commerce, Vol. 2, No.2, 29-56.

Steinfield, Charles, Alwin Mahler and Johannes Bauer(1999), "Electronic Commerce and the Local Merchant," Electronic Markets, Vol. 9 (1/2), 51-57.

Steinfield, Charles W., Alice P. Chan and Rovert E. Kraut(2000), "Computer Mediated Markets: An Introduction and Preliminary Test of Market Structure Impact," Journal of Computer Mediated Communication, Vol. 5, No.3, Mar.

Steinfield, Charles and Pamela Whitten(1999), "Community Level Socio-Economic Impacts of Electronic Commerce," Journal of Computer Mediated Communication, 5(2), December.

Steinfield, Charles and Stefan Klein(1999), "Local vs. Global Issues in Electronic Commerce," Electronic Markets, Vol. 9 (1/2), 1-6.

Stern, Louis W and Adel I. El-Ansary(1992), Marketing Channels, Fourth Ed. Prentice-Hall International Editions.

Swaminathan, Vanitha, Elzbieta Lepkowska-White and Bharat P. Rao(1999), "Browsers or Buyers in Cyberspace? An

Investigation of Factors Influencing Electronic Exchange," Journal of Computer Mediated Communication, Vol. 5, No.2.

Tempkin, Bruce D., William M. Bluestein, Gordo Lanpher, and Jeremy Sharrard(1998), "Disintermediation Realities," The Forrester Report, Dec. [http://forrester.com].

Turban, Epraim(1997), "Auctions and Bidding on the Internet: An Assessment," Electronic Markets, Vol. 7(4).

U.S. Government, Department of Commerce(1998), The Emerging Digital Economy, [http://www.digitaleconomy.gov].

Valovic, Thomas(1991), Corporate Networks: The Strategic Use of Telecommunications, Artech House.

Varian, Hal R.(1996), "Economic Issues Facing the Internet," Working Paper, UC Berkely.

Ward, Michael R. and Michael J Lee(1999), "Internet Shopping, Consumer Search and Product Branding," Journal of Product and Brand Management.

Ward, Michael R.(1999), "Will Online Shopping Compete more with Traditional Retailing or Catalog Shopping?" Working Paper, University of Illinois, Urbana-Champaign.

Wigand, Rolf T. and Robert L. Benjamin(1996), "Electronic Commerce: Effects on Electronic Markets," Journal of Computer Mediated Communication, Vol. 1, No.3.

· 저자 ·

이동일   · 약 력 ·
서울대학교 대학원 경영학 박사(마케팅 전공)
현 세종대학교 경영대학 조교수(마케팅 전공)
현 한국상품학회 총무이사

· 주요논저 ·
「인터넷 역시장 형성과정에서 정보중간상의 역할에 대한 연구」
『온라인 유통시장이 진화한다』(공저), 삼성경제연구소 (2006)
『디지털 환경하의 유통경로 변화』(공저), 서울대학교 ECRC (2002)
『디지털 시대의 정보중간상』(공저), 서울대학교 ECRC (1999)
외 다수

온라인 유통구조의 진화와 촉진전략

· 초판 인쇄	2007년 12월 20일
· 초판 발행	2007년 12월 20일
· 지 은 이	이동일
· 펴 낸 이	채종준
· 펴 낸 곳	한국학술정보㈜

경기도 파주시 교하읍 문발리 513-5
파주출판문화정보산업단지
전화 031) 908-3181(대표) · 팩스 031) 908-3160
홈페이지 http://www.kstudy.com
e-mail(출판사업부) publish@kstudy.com

· 등 록	제일산-115호(2000. 6. 19)
· 가 격	19,000원

ISBN 978-89-534-7801-5 93320 (Paper Book)
       978-89-534-7802-2 98320 (e-Book)